PUBLICATIONS DE L'ÉQUITABLE.

# INSTRUCTION

## ADMINISTRATIVE.

DIRECTION CENTRALE,
18, BOULEVART DES ITALIENS,
Paris.

1842.

PUBLICATIONS DE L'ÉQUITABLE.

# INSTRUCTION

## ADMINISTRATIVE.

VERSAILLES. — IMPRIMERIE TYP. DE MICHEL FOSSONE.

PUBLICATIONS DE L'ÉQUITABLE.

# INSTRUCTION

## ADMINISTRATIVE.

DIRECTION CENTRALE,

18, BOULEVART DES ITALIENS,

Paris.

1842.

# INSTRUCTION

## ADMINISTRATIVE.

*Messieurs,*

Dans le cours du Réglement administratif qui détermine la nature des rapports de **L'Equitable** avec ses Fonctionnaires, j'ai eu l'honneur de vous annoncer l'envoi d'une Instruction destinée à vous servir de point de départ pour l'Établissement de vos relations avec les individus et les chefs de familles. Si ma première publication a dû garder les formes exactes et concises d'un acte statutaire,

Le *Réglement administratif* complété par *l'Instruction administrative.*

il me tardait d'ouvrir une correspondance qui commençât, entre des esprits associés pour un seul et même but, le libre échange de leurs idées pratiques, et qui, tout en vous exposant mes vues sur les moyens de mettre notre Institution en œuvre, pût m'assurer en retour la précieuse communication de vos lumières réunies.

Distinction entre ces deux documens.

Il serait superflu d'insister beaucoup sur la distinction fondamentale que nous devons maintenir entre le *Réglement administratif* dont vous avez déjà pris connaissance, et l'*Instruction administrative* que j'ai l'honneur de vous adresser aujourd'hui. Le Réglement pose des articles qui font loi dans notre constitution hiérarchique; l'Instruction, au contraire, prend simplement l'initiative d'une consulte réciproque entre la Direction centrale de **L'Equitable** et ses Fonctionnaires. Les conseils préalables que je crois devoir vous donner, avant toute pratique, ne fût-ce que dans l'intérêt de l'unité si nécessaire de notre marche, resteraient insuffisans, Messieurs, si chacune de vos intelligences ne venait y correspondre par d'autres conseils. Et je vous invite même à ne vous attacher qu'à l'esprit de mes termes, vous réservant d'en élargir ou d'en restreindre l'application, selon les besoins de la circonstance. Car, si j'ai pu fixer dans leur plénitude absolue les rapports de famille qui doivent unir notre Direction centrale à ses Mandataires, il ne m'était possible, surtout aujourd'hui, que d'exprimer des prévisions très générales sur les rapports publics qui s'établiront entre ses Mandataires et leurs cliens. Le choix éclairé de chacun de vous doit trancher une foule de questions secondaires, dont vous serez en définitive les seuls juges compétens.

L'Instruction, Conseil provisoire.

Je vous prie donc, Messieurs, de considérer les avis qui vont suivre comme l'expression provisoire de notre doctrine administrative; sans préjudice des modifications et des développemens ultérieurs auxquels chaque Fonctionnaire contribuera, pour sa part, dans la proportion de la valeur de ses idées pratiques en elles-mêmes, et du résultat que leur application aura pu recevoir entre ses mains.

La Direction centrale, juge des écarts essentiels de l'exécution.

Il demeure entendu que toute modification essentielle qu'il vous paraîtra nécessaire d'apporter à l'exécution d'une règle quelconque de notre doctrine administrative, sera l'objet d'un examen préalable, qui se fera sincèrement entre vous et la Direction centrale, et que, pour prendre une décision absolue sur les points douteux de votre pratique, vous vous renfermerez dans les limites de nos conventions réciproquement agréées.

Théorie générale; son application flexible.

Une théorie générale a toujours ses exceptions de circonstance, et, pour s'appliquer à tout, doit pouvoir se plier à chaque obstacle spécial; mais plus le principe peut descendre dans l'application en conservant toute son intégrité, plus les opérations s'exécuteront avec la vigueur qui n'appartient qu'aux œuvres d'ensemble.

Caractère d'un Fonctionnaire de L'ÉQUITABLE.

Il est essentiel de définir, avant tout, le caractère d'un Fonctionnaire de L'Equitable. Eclairé par la doctrine générale qui prévaut au sein de notre Institution, le Fonctionnaire en met les principes en œuvre sur les élémens que la localité présente à la portée de ses lumières, de son influence et de son activité personnelles.

Chacune des branches de l'Administration, à prendre sous un triple aspect.

Pour faciliter nos travaux communs, il vous plaira, Messieurs, lorsque vous étudierez quelqu'une de leurs branches, de considérer toujours votre caractère dans L'Equitable, sous ce triple aspect. En d'autres termes, je vous engage, dans le cours de votre administration, à vous demander par avance, à chaque jalon de votre route, quelles sont les ressources que vous offrent, d'abord l'appui de l'Institution, ensuite vos relations personnelles, et enfin les circonstances qui vous environnent.

Ses quatre branches.

La mission de nos Fonctionnaires auprès du public comprend quatre ordres de travaux.

Premièrement : — Ils procèdent à préparer l'agrégation d'une clientelle autour de L'Equitable.

Secondement : — Ils dirigent ou suivent le choix que chaque souscripteur fait entre les applications diverses du principe de l'assurance mutuelle sur la vie (1).

Troisièmement : — Ils surveillent l'exécution des

(1) Voir le Manuel intitulé : — *Assurances sur la vie, etc.* et le Tableau intitulé : — *Cercle des opérations de* L'ÉQUITABLE.

engagemens que les souscripteurs ont contractés les uns envers les autres, par notre entremise ; ils organisent, à cet effet, la multiplication du personnel de l'agence, au fur et à mesure des besoins.

Quatrièmement : — Ils donnent leurs soins à la bonne liquidation des affaires apportées et conduites par eux, de sorte à constituer, pour ainsi dire, avec les assurés en retraite, un corps honoraire sous les auspices duquel notre Institution puisse contracter de nouveaux engagemens.

Examinons, dans leur ordre successif, ces quatre branches de votre pratique.

---

# PREMIÈRE PARTIE.

## AGRÉGATION DES SOUSCRIPTEURS.

Divers aspects de l'Agrégation.

Trois causes peuvent déterminer et par la suite favoriser de plus en plus l'agrégation des souscripteurs. Ce sont :

*L'influence de l'Institution;*
*L'action des Fonctionnaires;*
*L'initiation des Individus.*

### § I.

### INFLUENCE DE L'INSTITUTION.

Triple influence de L'EQUITABLE.

L'influence de l'Institution dans la création de sa clientelle, s'offre sous le triple aspect de son principe d'assurance, de son caractère de mutualité et des garanties qui constituent sa base.

#### I. Principe de l'assurance.

Principe complexe de l'Assurance. Autorité.

La notion de l'assurance, principe général de l'Institution, prend sa force, d'une part, dans la prérogative royale, dont toutes les créations sont astreintes à présenter des garanties analogues à celles que l'État lui-même donne au pays, et, d'autre part, dans la rectitude de ses combinaisons de prévoyance mutuelle, double propriété qui la place au rang des Établissemens d'utilité publique, avec cet avantage spécial que l'Institution de **L'Equitable** est à la fois légale et libre, qu'elle participe de l'administration du pays par son origine, et des entreprises particulières par la nature toute volontaire des opérations qui s'associent entre ses mains. Logique.

L'autorisation du Roi, hors de laquelle toute assurance mutuelle sur la vie est nulle et de nulle valeur, comme le veulent à la fois parmi nous la coutume, la législation écrite et la jurisprudence des tribunaux, garantit en retour au public la sécurité des Institutions qui la possèdent et qui, dans tout le cours de leur exercice, demeurent sous le contrôle actif du pouvoir souverain. Dès lors **L'Equitable**, scrutée dans ses Statuts par le Conseil d'État, sans parler de ses autres garanties que nous examinerons à leur place, doit inspirer aux esprits la même confiance que les Banques, les Caisses d'épargne et tous les Établissemens, en général, dont l'État s'est déclaré l'inspecteur et le patron en permanence. Autorisation du Roi. Contrôle permanent.

Les combinaisons de prévoyance mutuelle de **L'Equitable** sont exposées dans les ouvrages de sa Direction centrale. Elle communique à ses Mandataires des imprimés de deux ordres : — publics et privés. Exposé de combinaisons.

Imprimés publics.

Les imprimés publics sont, jusqu'à ce jour, le Manuel général intitulé: — *Assurances sur la Vie, moyen de fonder le bien-être individuel sur l'épargne collective* (1); le *Catéchisme de* **L'Equitable**; les Manuels ou Prospectus spéciaux qui traitent, soit de la *Spécialité de l'Imprévu ou Caisse des répartitions périodiques*, soit des applications distinctes de l'assurance, que nous avons désignées sous les termes de *Recrutement, Dot, Fonds d'Industrie, Éducation, Donations en faveur d'orphelins, Rentes viagères, Rentes progressives, Fonds de mineurs* et *Dégrèvement d'hypothèques.*

Imprimés privés.

La présente *Instruction* sert d'introduction à la série des imprimés qui ne sont destinés qu'à nos seuls Fonctionnaires. Les convenances du lieu, de l'époque et de l'événement vous apprendront, Messieurs, jusqu'à quel point et sous quelle forme, vous devez emprunter à ce dernier genre d'écrits des communications pour le public, en masse, ou pour telles et telles catégories d'individus ou de chefs de familles.

Classification des imprimés publics.

Quant aux imprimés destinés à la publicité directe, vous les remettrez indifféremment entre les mains de tout individu de l'un ou l'autre sexe, lors-

(1) Les Fonctionnaires de L'ÉQUITABLE recevront prochainement la seconde édition, considérablement augmentée, de cet opuscule.

Dans le courant du mois de juillet prochain, ils recevront l'*Almanach de* L'ÉQUITABLE, *pour l'année* 1843.

que vous jugerez qu'ils pourront lui convenir. Le Grand Manuel des *Assurances sur la vie* s'adresse aux personnes qui tiennent le premier rang par leur éducation, leur position dans le monde ou leur fortune. Les Prospectus spéciaux, plus élémentaires, et surtout celui de la *Spécialité de l'Imprévu,* par une préférence que je vous expliquerai tout-à-l'heure, sont propres à l'édification du grand nombre, avec des distinctions de rangs et d'âges que vous apprécierez sans peine, après avoir pris connaissance de leur contenu.

Destinations diverses des Prospectus spéciaux.

Ainsi, le Prospectus de la *Spécialité de l'Imprévu* regarde toute la classe inférieure, encore vierge dans l'assurance, et tous les esprits de la classe supérieure ou moyenne, qui sont déjà suffisamment édifiés sur le mécanisme des Institutions de prévoyance mutuelle, pour apprécier les avantages qui distinguent notre combinaison quinquennale de toute autre ; tandis que les Prospectus des *Caisses distinctes,* rangées sous des désignations nominales, appartiennent, par contre, à la population assurable qui voudra s'en tenir aux engagemens tranchés, tels que nous les avons définis dans le tableau nommé *Cercle des opérations de* **L'Equitable,** et dans le Grand Manuel des *Assurances sur la Vie.*

### II. Mutualité.

Conditions de la mutualité.

C'est par le caractère de sa mutualité que notre Institution s'adresse aux besoins intimes de la

France industrielle d'aujourd'hui. Le mot d'association, si vaguement proclamé dans le monde, ne devient une vérité que lorsqu'on trace un cadre assez large pour contenir les masses, assez régulier pour classer les apports individuels dans la proportion de leurs droits réciproques (1).

Prévision d'une Caisse qui les réalise.

Nous avons lieu d'espérer que les combinaisons neuves, préparées par **L'Equitable**, afin de mettre l'assurance à la portée des plus petites bourses, multiplieront rapidement le chiffre de sa clientelle, dont la plus grande partie, de plus, ne tardera pas à fondre ses capitaux dans une seule et même Caisse, où les reversions pourront se distribuer entre les survivans et d'après la mesure des apports individuels, sur un grand nombre d'associés.

Sa division actuelle, suffisante pour nous au besoin.

Indépendamment de cette prévision, et même en partant de la division des assurances en Caisses distinctes, telle qu'on l'a faite jusqu'à ce jour, **L'Equitable** satisfait encore aux exigences légitimes de chacun de ses membres, par le choix de ses tables de mortalité, par la précision des termes de ses contrats et par l'équilibre qu'elle maintient entre les mises et les âges.

### III. Garanties fondamentales.

Garanties.

Les garanties qui recommandent particulière-

(1) *Assurances sur la Vie*, Chap. VII.

ment notre Institution, ne sauraient être trop connues (1).

Ordonnance. Commissariat. Conseil de surveillance. Achat de rentes. Répartition ministérielle.

Nos titres à la confiance du public consistent, outre l'approbation des Statuts, dans le Commissariat royal, dans le Conseil de surveillance, dans la conversion presqu'immédiate des mises en rentes sur l'État, au nom des Sociétés, et dans l'intervention que le ministère des finances exerce sur les répartitions.

Cautionnement progressif.

Enfin, nous livrons à l'autorité, tuteur suprême des intérêts collectifs qu'elle nous confie, un cautionnement progressif de 25,000 fr. de rentes en 3 p. 0/0, c'est-à-dire, près de 800,000 fr.

L'État, caissier des Assurances mutuelles sur la vie.

Pour bien juger l'assurance mutuelle sur la vie, au point de vue des gages de sécurité qu'elle donne au public, il faut principalement mettre en lumière que l'État est le caissier de ces Institutions nouvelles, en sorte que les fonds que l'on y dépose ne sont jamais soumis à d'autres chances qu'à celles de la reversion des héritages entre les Sociétaires, et que le capital de la masse, sous la sauve-garde du gouvernement, ne pourrait recevoir d'échec que par le contrecoup d'une grande catastrophe nationale qui déracinerait les bases mêmes de la propriété. Le salut des capitaux versés dans les Assurances repose donc sur la tête du royaume, et, tandis que l'insécurité trouble

(1) *Assurances sur la vie*, Chap. XVI, p. 111. — *Cercle des opérations de* L'ÉQUITABLE.

les relations privées, ils rencontrent dans l'État un crédit immense qui semble s'être encore consolidé par la ruine de tous les autres crédits.

Renvoi de l'exposition détaillée des garanties.

En énumérant, Messieurs, les élémens qui composent l'influence de notre Institution dans la formation de sa clientelle, j'ai pu me borner à n'en faire qu'un résumé très succinct, parce que je me réserve de les considérer plus en détail dans le second paragraphe de cette partie, qui traitera de l'action personnelle des Fonctionnaires sur la population assurable. Du reste, les moyens d'action généraux de l'Institution sont éclairés dans mes ouvrages qui se trouvent entre vos mains, et dont je viens de vous expliquer l'emploi.

## § II.

### ACTION DES FONCTIONNAIRES.

Ses modes divers.

Les Fonctionnaires peuvent coopérer à l'agrégation des souscripteurs autour de L'Equitable, soit par la presse, soit par la parole, soit, avant tout, par le rang qu'ils occupent et la considération qui les entoure au milieu de leurs concitoyens.

#### I. Presse.

Enseignement de la presse.

Si la presse, à Paris, est un instrument de premier ordre entre les mains de notre Direction centrale qui s'adresse, par elle, à toute la circonférence du territoire, ce moyen, pour le Fonctionnaire local, n'est que d'une importance inférieure et cède la suprématie à la parole. La valeur relative que le Fonctionnaire doit attribuer à la propagation écrite et à la propagation verbale, est en raison de l'étendue du cercle que son administration embrasse. Ainsi, comme je viens de le dire, la Direction centrale agit beaucoup par des publications, et peu par des conversations, sur l'ensemble de la classe assurable; dans l'œuvre du Directeur départemental, les deux parts sont à-peu-près égales, tandis que la parole devient le chapitre principal, et que la presse devient le chapitre secondaire, pour le Sous-Directeur d'arrondissement, et plus encore pour l'Agent qui ne pratique l'assurance que sur une ou quelques communes. Il suit de là que chaque Fonctionnaire, selon le degré qu'il occupe dans la hiérarchie de notre administration, devra se préoccuper plus ou moins, soit de mes conseils à l'égard de la publication écrite, soit de mes instructions qui concernent l'enseignement personnel, tel qu'il doit être donné de vive voix sur notre système de prévoyance.

Enseignement personnel.

Leurs valeurs relatives.

Les publications de nos Fonctionnaires peuvent porter le caractère d'un plaidoyer en faveur de l'assurance, prise sous le point de vue universel; elles peuvent aussi considérer notre principe dans l'aspect particulier qui correspond à l'époque, au lieu et à la circonstance.

Publications générales et locales par les Fonctionnaires.

Ce premier genre de publications comprend en

Définition de leurs publications générales.

général la presse, c'est-à-dire, d'une part, les publications séparées que le Fonctionnaire peut faire pour sa localité seule, ou même pour d'autres localités dont il connaîtrait suffisamment l'esprit, et, d'autre part, la presse périodique, qui se compose de revues et de journaux.

Définition de leurs publications locales.

Le second genre de publications, celui qui s'approprie particulièrement à l'état de choses local, consiste, indépendamment de la presse, dans l'affiche, le prospectus, la police et le cours.

Modèles parisiens des publications générales de l'Agence.

Lorsque les Fonctionnaires de L'Equitable se sentiront appelés à publier des ouvrages d'une portée générale et pouvant s'adresser à toute la France, ceux que la Direction centrale place entre leurs mains fourniront un texte susceptible de se prêter à tous les développemens possibles; je n'ai donc besoin de m'étendre que sur vos rapports avec la presse périodique et sur l'esprit dominant des publications générales que vous pourrez faire dans ses colonnes.

Conciliation par l'ordre social.

Notre terrain est celui de l'ordre social sur lequel les intérêts les plus opposés se confondent. Les besoins de la vie que nous aidons à satisfaire, sont des besoins communs aux gens de toutes opinions; et les épargnes individuelles, pour mieux y pourvoir, s'associent sous la forme de l'argent, signe représentatif absolument neutre lui-même dans le choc des intérêts qui se divisent entr'eux son emploi. L'impartialité dominera donc vos rapports avec les rédacteurs de journaux, quelles

Neutralité de l'argent.

Impartialité du Fonctionnaire entre les journaux.

que soient d'ailleurs vos opinions personnelles. Loin de vous arrêter au caractère ou à la nuance politique d'un organe de la publicité, pourvu seulement que la futilité de ses habitudes, ou la tournure pamphlétaire de son style, ne l'ait pas condamné dans l'estime des gens dont les mœurs sont graves et décentes, vous devez accepter son terrain en vous attachant au point de vue supérieur des véritables nécessités sociales, sans jamais compromettre notre cause avec les doctrines d'aucun parti. Il se pourra quelquefois que, tout en désirant publier des articles dans un journal, vos préoccupations administratives absorbent tout votre tems, ou vous détournent des habitudes littéraires ; je m'empresserais alors, sur votre appel, de vous envoyer, tout écrits, les articles qu'il vous paraîtrait utile d'y faire insérer sous votre nom. Vous trouverez dans les futures publications de *L'Equitable*, et principalement dans son *Almanach* et dans les articles industriels de sa Revue, intitulée : *L'Économe du* XIX^e^ *siècle* (1), une ample matière à des enseignemens d'économie sociale, qui tourneront au profit du principe de l'assurance, dont nous sommes constitués les représentans.

Rédaction d'articles à Paris. Publications modèles.

Je passe à quelques principes essentiels pour les publications qui concerneront l'ensemble de notre Établissement d'assurances.

Publications générales. Principes essentiels.

Entre tous les moyens de démonstration, la

Preuve de fait, la meilleure.

(1) MM. les Inspecteurs vous remettront le premier numéro de cette revue.

preuve de fait est toujours la meilleure ; le raisonnement n'a qu'une valeur de second ordre, et l'expression des sentimens personnels, qui prend la forme du panégyrique, n'a droit qu'à la dernière place. En conséquence, les Fonctionnaires feront sagement d'insister, avant toute chose, sur les résultats que l'Institution peut avoir obtenus déjà, soit dans la localité, soit dans un pays voisin, soit encore par l'universalité des Administrations particulières dont le compte général s'établit au centre de la capitale. Et pour autant que les Fonctionnaires, à l'époque où ils écriront, ne connaîtraient pas encore des résultats de ce genre assez importans pour être présentés au public, le meilleur parti serait d'exposer à leurs lecteurs les résultats obtenus par d'autres Établissemens, malgré leur organisation inférieure à la nôtre. Vous sentez que c'est ici le cas d'établir une argumentation par analogie, concluant du moins au plus, et de montrer que le principe de l'assurance par lui-même, en dépit des circonstances défavorables où se trouvaient nos concurrens, a pu encore leur apporter des affaires, ce qui mène à conclure qu'un Établissement appuyé sur de meilleures bases marche vers un grand avenir. L'infériorité des autres Compagnies, sur laquelle il sera souvent nécessaire d'insister devant le public, peut dépendre du vice organique d'un système de primes fixes perçues à forfait (1), ou bien du défaut d'autorisation

Raisonnement par analogie, concluant du moins au plus.

(1) *Assurances sur la vie*, Chap. III et V

royale (1), ou bien encore de l'absence des véritables conditions de la mutualité (2), et du choix exclusif de spécialités étroites à la place d'une spécialité qui provoque le nombre (3). Vous direz alors : — Telle Compagnie propriétaire à primes fixes, malgré l'élévation de ses tarifs, malgré des risques d'insolvabilité que les plus hauts tarifs et le capital social le plus considérable ne sauraient anéantir, malgré le danger et l'ennui des procès auxquels ses cliens s'exposent, lorsqu'ils demandent l'exécution des engagemens pris à leur égard, n'en a pas moins réuni une masse considérable de souscriptions. Telle Compagnie mutuelle, que le contrôle du Conseil d'État, la garantie d'un cautionnement progressif, d'un commissariat royal, de la conversion immédiate des mises en rentes sur l'État, ou de l'intervention du Ministre des Finances dans les répartitions, ne préservent pas contre les écarts de l'arbitraire individuel; qui peut rédiger, présenter, interpréter, appliquer ses statuts à sa fantaisie, et qui, par conséquent, n'offre, à vrai dire, nulle sécurité réelle au public, n'en a pas moins attiré un grand nombre d'individus et de familles. Tel autre Établissement qui ne s'est pas déterminé en connaissance de cause sur le choix de sa table de mortalité, qui n'a pas rassemblé dans une seule et même association un

(1) *Assurances sur la vie*, Chap. XII.
(2) *Id.* Chap. VII.
(3) *Id.* Chap. XIV, § 3.

nombre d'assurés suffisant pour le jeu libre et régulier des chances de vie, qui n'a pas apporté la précision nécessaire dans la fixation de la durée particulière de chaque contrat, qui n'a pas établi, enfin, l'équilibre des mises et l'équilibre des âges dans leurs inégalités respectives, n'en a pas moins enrôlé d'importans capitaux sous la bannière de sa gestion. — Combien plus une Institution qui présente en elle-même toutes les qualités opposées à ces divers défauts, ne renferme-t-elle donc pas les conditions d'un succès qui deviendra la base des avantages que chacun de ses cliens peut espérer dans la proportion de ses apports?

**Comparaisons avec la concurrence.**

Quand vous établirez, Messieurs, ces comparaisons ou d'autres entre L'Equitable et ses concurrens, je ne puis vous recommander trop d'éviter les attaques acerbes qui déconsidèrent souvent ceux qui les font plus encore que ceux qui les subissent. En vous exprimant sur le compte des autres Compagnies, il est conforme autant à la dignité qu'aux intérêts de notre Institution, de prendre toujours le débat par en haut et de juger la concurrence avec l'autorité d'une vue supérieure. Si les Compagnies rivales sont autorisées, vous pouvez mettre les individus à même d'aller vers elles, et leur faire sentir que L'Equitable espère bien les reprendre quelque jour, sans leur garder jamais rancune de leurs relations passées. L'Equitable sait, et il est utile qu'on le sache, que, dans les combinaisons nouvelles dont elle

**Ton modéré.**

**Nos vues supérieures.**

**Éventualité de bénéfices additionnels.**

prendra l'initiative, les assurés actuels de la concurrence viendront très-certainement se fondre avec les siens; mais ils doivent être prévenus que, si les engagemens contractés avec elle accordent sa part exacte à tout souscripteur, dans la proportion de son âge et de l'âge de la Société dont il devient membre, néanmoins la clientelle primitive de l'Institution aura droit à des préférences légitimes, lorsqu'il s'agira pour nous de choisir les bénéficiaires de quelqu'entreprise additionnelle, fondée sur notre système de garanties.

Préférences pour la clientelle primitive.

Les bénéficiaires de ces affaires ultérieures ne seront, comme on peut le concevoir de reste, que ceux-là seuls qui en auront témoigné formellement le désir, après avoir été mis en instance par des circulaires spéciales de l'Institution. Elle cherchera les coopérations effectives de toute entreprise future dans une classe d'assurés auxquels cette entreprise lui paraîtra devoir convenir, et n'acceptera que le concours libre et bien éclairé des volontaires qui se seront rendus à son appel.

Entreprises futures.

Concours volontaire.

Sans prétendre faire violence aux goûts de personne, **L'Equitable** se propose d'absorber graduellement la concurrence dans l'intérêt même des concurrens. Ses Fonctionnaires diront bien haut que sa pensée consiste à dresser l'assurance au profit des bons vouloirs, comme une échelle pour arriver à d'autres affaires qui réuniront la sécurité des opérations actuelles à des chances de bénéfices plus considérables. L'Institution qui médite ces entre-

Sécurité de l'assurance avec plus d'avantages

prises les possède, à coup-sûr, mieux que ceux qui ne les comprennent pas, ou qui n'en prendraient qu'une notion vague, sans savoir préparer les transitions nécessaires pour y parvenir. Par contre, l'avance que L'Equitable veut prendre dans une voie où elle ne craint point d'être suivie, réunira sous son drapeau les influences de divers degrés, qui trouveront plus logique et plus profitable de grossir la première et grande association, que de former de petites rivalités à côté d'elle.

Concurrence absorbée.

Nos concurrens.

Vous pouvez très franchement convenir avec le public que les Établissemens autorisés en même tems que L'Equitable, feront faire à leurs cliens ce qu'on appelle des assurances, et vous devez vous abstenir de faire croire que leurs Directions songent jamais à commettre sciemment une injustice. Mais vous inviterez vos lecteurs à juger eux-mêmes le degré d'aptitude financière de ces Directions, par le langage de leurs propres prospectus qui trahissent une ignorance parfaite de ce que c'est que l'assurance et que la rente, en sorte que les intérêts du rentier ou de l'industriel le plus vulgaire seraient administrés avec plus de compétence, s'ils restaient entre ses propres mains. Vous signalerez même, à l'appui de vos assertions et preuve en main, les plagiats maladroits que l'on ne manquera pas de faire sur les ouvrages de L'Equitable, comme l'on en a déjà fait sur mes publications préparatoires, plagiats qui mutilent ou surchargent sans intelligence spé-

Défaut d'intelligence spéciale.

Plagiats maladroits.

ciale, et qui démontrent tout au moins que leurs auteurs n'ont pas de vues complètes sur la matière.

Compagnies non-autorisées.

En ce qui concerne les Compagnies non-autorisées, permettez-moi, Messieurs, de reprendre d'un peu haut le parallèle entre leur situation et la nôtre.

Le Fondateur; date de ses travaux.

J'avais conçu, depuis plusieurs années, sur un large plan, l'Institution que j'ai fondée aujourd'hui. Mes calculs étaient faits, mes dispositions étaient prises; nul obstacle extérieur ne m'eût empêché de mettre mon idée en œuvre; mais je me sentis moins préoccupé du désir de m'emparer d'un grand nombre de souscriptions rassemblées à tout hasard, que dominé par l'idée de réunir dans ma création tous les élémens d'ordre et de durée. Dès cette époque, avec une défiance fondée sur l'examen de leur point de départ et justifiée depuis par l'événement, je voyais les Compagnies d'Assurances Mutuelles, sur les traces de la *Banque Philanthropique*, franchir imprudemment les barrières légales, en se constituant de leur seul chef, et marcher vers une ruine inévitable. Ces Établissemens ne s'aventuraient-ils pas à leurs propres dépens, grâce à la somnolence de l'autorité dont le droit et le devoir, consacrés par la législation de tous les régimes et par une jurisprudence sans conteste, placent les Sociétés de prévoyance sous la surveillance immédiate de l'État?

Ses craintes pour l'illégalité.

Législation sur la matière.

Avant 1789, le droit d'autorisation était rigoureusement exercé par le Roi, et l'un des premiers actes du corps organisateur que la révolution mit à sa place, fut de concentrer, par la loi du 21 avril 1793, ces attributions de haute surveillance entre les mains du pouvoir exécutif. L'empire sentit à son tour la nécessité d'un contrôle gouvernemental sur les Assurances mutuelles : rien de plus explicite à cet égard que l'avis du Conseil-d'État du 1er avril 1809, approuvé par l'Empereur (1).

(1) Voici ce décret :

« Le Conseil :

» Considérant qu'une association de la nature des tontines sort évidemment de la classe commune des transactions entre citoyens, soit que l'on considère la foule des personnes de tout état, de tout sexe et de tout âge, qui y prennent ou qui peuvent y prendre des intérêts, soit que l'on considère le mode dont ces associations se forment, mode qui ne suppose, entre les parties intéressées, ni ces rapprochemens, ni ces discussions si nécessaires pour caractériser un consentement donné avec connaissance; soit que l'on considère la nature de ces établissemens, qui ne permet aux associés aucun moyen efficace et réel de surveillance; soit enfin que l'on considère leur durée, toujours inconnue, et qui peut se prolonger pendant un siècle; qu'une association de cette nature ne peut, par conséquent, se former sans une autorisation expresse du souverain, qui la donne sur le vu des projets de statuts de l'association, et qui lui impose des conditions telles que les intérêts des actionnaires ne se trouvent compromis *ni par l'avidité, ni par la négligence, ni par l'ignorance* de ceux à qui ils auraient confié leurs fonds, sans aucun moyen d'en suivre et d'en vérifier l'emploi sur la foi de promesses presque toujours fallacieuses;

» Que l'expérience n'a que trop démontré les conséquences funestes de l'oubli de ces maximes et du défaut d'une autorisation spéciale donnée par le gouvernement; que dans la Tontine Lafarge, par exemple, ce défaut d'autorisation spéciale et de

Néanmoins, grace aux idées industrielles qui se répandirent avec profusion dans les dernières années de la restauration et dans les premières du nouveau régime, l'initiative individuelle se crut libre. Lorsque la *Banque Philantropique*, et d'autres Compagnies à sa suite, eurent entamé leurs opérations en dehors de la loi, la tolérance du pouvoir, distrait par d'autres soins, sembla, pen-

Licence des initiatives.

Tolérance du pouvoir.

toutes mesures contre les abus a laissé les actionnaires sans défense et la gestion sans surveillance réelle;

» Est d'avis : — 1° qu'aucune association de la nature des tontines ne peut être établie sans une autorisation spéciale donnée par Sa Majesté, dans la forme des réglemens d'administration publique;

2° Qu'à l'égard de toutes associations de cette nature qui existeraient sans autorisation légale, il n'y a pas un moment à perdre pour suppléer à ce qu'on aurait dû faire dans le principe;

» Qu'il est, par conséquent, urgent de leur donner un mode d'administration qui calme toute inquiétude de la part des actionnaires, soit par le choix d'administrateurs faits pour réunir toute leur confiance, soit par la régularité et la publicité des comptes;

» Qu'en ce qui regarde les difficultés qui pourraient s'élever au sujet de la gestion et de la comptabilité des administrateurs jusqu'à ce jour, on ne pourrait rien faire de plus avantageux aux intéressés que d'en soumettre le jugement à des magistrats dont les lumières garantiraient une justice entière à toutes les parties;

» Que le bienfait d'une pareille mesure ne pourrait être contesté que par ceux qui auraient intérêt à la prolongation des abus, ou par ceux qui, voulant les arrêter, auraient spéculé sur les avantages qu'ils pourraient retirer d'une administration nouvelle dont ils feraient partie.

» Approuvé, en notre palais des Tuileries, le 1er avril 1809.

» (*Signé*) Napoléon. »

dant quelque tems, justifier leur témérité. Mais à peine eurent-elles pris cette fausse route, que les événemens s'accomplirent comme l'avaient jugé les esprits rompus aux études économiques. Les Compagnies, en décrétant d'elles-mêmes la prescription de l'avis de 1809, n'avaient pas négligé seulement une simple formalité; car, en méconnaissant l'autorité du législateur, elles méconnaissaient aussi leur intérêt propre : une série de vices dérivait nécessairement de cette infraction capitale. Statuts, combinaisons et tables, système de mises et de répartitions, tout fut faussé par les Directions intéressées à prévaloir tour-à-tour sur la concurrence et à s'écraser réciproquement; résultat inévitable de l'isolement dans lequel l'autorité laissait tant d'intérêts destitués de tutelle et de guide, livrés aveuglément à la merci de la spéculation particulière.

**L'anarchie perdue par elle-même.**

**Revendications judiciaires.**

**Annulation, par jugement des Associations non autorisées.**

Enfin, les plaintes affluèrent et retentirent jusque devant les tribunaux. Le jugement rendu par le tribunal consulaire de la Seine, le 31 mai 1841 (1), confirmant les arrêts antérieurs, jette

(1) Le TRIBUNAL, après en avoir délibéré:

« Vu leur connexité, joint les causes, et, statuant sur le tout par un seul et même jugement;

» Reçoit le baron Wolbock opposant en la forme au jugement par défaut rendu contre lui au profit de Meyer, le 28 octobre 1840, et, statuant sur le mérite de son opposition;

» En droit, attendu que, si la loi du 2 mars 1791 a proclamé le libre exercice de toute industrie, des lois positives ont soumis cet exercice à la surveillance et à l'autorisation du Gouverne-

dans ses considérans un blâme sévère sur l'incurie administrative, remet tous les principes en action

ment dans le cas où son action devient nécessaire pour protéger et défendre la morale publique ou l'intérêt général;

» Attendu que l'avis du Conseil-d'État du 1er avril 1809, approuvé par l'Empereur et ayant encore force de loi, a disposé qu'aucune association de la nature des tontines ne pourrait être établie sans une autorisation spéciale du Gouvernement; que les considérations qui ont déterminé cet avis ont été basées principalement sur le caractère de ces établissemens, qui sortent évidemment de la classe commune des transactions entre citoyens, soit que l'on considère la foule de personnes de tout état, de tout sexe, de tout âge qui y prennent intérêt, soit que l'on considère le mode dont ces associations se forment, mode qui ne suppose, entre les parties intéressées, ni les rapprochemens, ni les discussions si nécessaires pour caractériser un consentement donné en connaissance de cause, soit que l'on considère la nature de ces établissemens qui ne permet aux associés aucun moyen efficace ou réel de surveillance, soit enfin que l'on considère leur durée toujours incertaine et qui peut se prolonger pendant un siècle, d'où résulte la nécessité de soumettre ces sortes d'établissemens à l'autorisation préalable du Gouvernement qui la donne sur le vu des statuts et qui leur impose des conditions telles que les intérêts des actionnaires ne se trouvent compromis ni par l'avidité, ni par la négligence, ni par l'ignorance de ceux à qui ils avaient confié leurs fonds;

» Attendu que ces considérations, si puissantes alors, le sont encore plus aujourd'hui qu'elles peuvent s'appliquer aux nombreux établissemens de ce genre qui ont été fondés depuis le décret du 1er avril 1809, et qui présentent, en totalité ou partie, les caractères et les dangers signalés ci-dessus;

» Attendu que les garanties exigées par la loi, que le contrôle obligé de l'autorité a pour but d'offrir aux intéressés, doivent résider dans les statuts constitutifs des sociétés, et non reposer seulement sur le caractère personnel des administrateurs et gérans; que des poursuites récentes et deux jugemens rendus par le Tribunal de police correctionnelle de la Seine, les

et prononce formellement la nullité des obligations contractées avec les *Compagnies d'Assu-*

21 février et 10 mars 1841, contre Nestor Urbain, gérant de la *Banque Philantropique*, pour détournement de fonds au détriment des commanditaires, viennent ajouter à l'évidence des faits et de la vérité des principes ;

» Attendu que le décret du 10 novembre 1810, appliquant les dispositions de celui du 1er avril 1809, a désigné les associations qui, *sous le nom de Tontines, Caisses et autres dénominations*, étaient de nature à être soumises à l'intervention du Gouvernement ; qu'il a prescrit les mesures et tracé la marche à suivre à l'égard des établissemens de ce genre existant sans son autorisation ;

» Attendu que si l'autorité, par une tolérance dont les motifs échappent à l'appréciation du Tribunal, a cru devoir, jusqu'à présent, s'abstenir de toute intervention dans l'existence des établissemens qu'elle a pour mission de surveiller, la loi n'en conserve pas moins toute sa force, et que c'est, en ce cas, aux Tribunaux, lorsqu'ils sont appelés à prononcer, qu'il appartient d'en faire la rigoureuse mais nécessaire application ;

» En fait, attendu que la société connue sous le nom de *Banque Philantropique*, constituée sous la raison Nestor Urbain et compagnie, dont le baron de Wolbock a été nommé administrateur judiciaire, a pour objet de réunir, au moyen de différentes combinaisons énoncées dans les statuts, des fonds fournis par les actionnaires, de les placer, soit en rentes sur l'État, soit en autres opérations, et de répartir entre les actionnaires ou associés, soit des primes, soit des accroissemens, bénéfices extraordinaires ou remboursemens à des époques déterminées, mais d'après des chances de décès et d'autres combinaisons aléatoires ;

» Attendu que, dans quelques-unes de ses opérations, et notamment dans celle qui fait l'objet de la contestation, elle présente le caractère et les dangers prévus par le décret du 1er avril 1809, sans offrir en réalité les garanties nécessaires ; qu'elle rentre, dès-lors, évidemment dans la catégorie des établissemens de *la nature des tontines*, que l'avis du Conseil-

*rances Mutuelles* non-autorisées. Ce jugement, entre beaucoup de motifs d'un ordre moral, se

d'État a eu pour but de soumettre à l'autorisation préalable ; que cette nécessité d'autorisation a été reconnue par Nestor Urbain lui-même, lorsqu'en juin 1839, pour obtenir l'autorisation royale, sans laquelle, dit-il dans l'exposé des statuts, aucune société de ce genre ne peut exister, il a présenté un projet de société qui, sous le nom de *Caisse Philantropique,* renferme des combinaisons absolument semblables dans leur résultat à celle de la *Banque Philantropique,* et qu'il qualifie lui-même de tontinières;

» Attendu que la société de la *Banque Philantropique* n'est pas revêtue de l'autorisation exigée par le décret du 1er avril 1809, qu'elle n'a aucun caractère légal, qu'elle est dès-lors incapable de contracter ;

» Attendu que le contrat est nul de droit, quand l'une des parties n'avait pas la capacité de contracter; que la partie qui s'est engagée par erreur est recevable à demander la nullité de son engagement ;

» Par ces motifs, le Tribunal déclare le baron de Wolbock mal fondé en son opposition, l'en déboute, dit que le jugement par défaut du 28 octobre 1840 sortira son plein et entier effet au profit de Meyer, mais seulement en ce qui concerne la nullité de l'engagement pris par lui, Meyer, envers la *Banque Philantropique,* et la restitution de 392 fr. 25 c. par lui versés ;

» Donne défaut contre Nestor Urbain qui ne comparait pas, ni personne pour lui; déclare nul et de nul effet l'engagement d'assurance pris par Bernard, dit David, envers la *Banque Philantropique*, le 5 octobre 1838; *condamne* Nestor Urbain, *par toutes les voies de droit et* MÊME PAR CORPS, et le baron de Wolbock par les voies de droit seulement, en sa qualité d'administrateur judiciaire de la dite banque, à restituer à Bernard, dit David, la somme de 200 fr. par lui versée, avec les intérêts suivant la loi; dit qu'il n'y a lieu de prononcer des dommages-intérêts au profit de Meyer, non plus qu'à statuer sur les autres demandes et prétentions des parties ;

» Condamne en outre Nestor Urbain et le baron de Wolbock, ès-qualité, en tous les dépens. »

fonde en fait sur le décret de l'Empereur, que nous avons cité, en déclarant que l'autorisation formelle du pouvoir n'a jamais cessé d'être le principe vital de la matière; déclaration incontestable du reste, (1) mais que le gouvernement a proclamée encore avec éclat dans l'article 1er des Ordonnances royales qui approuvent **L'Equitable** et d'autres Compagnies.

Nécessité de l'autorisation établie par ordonnance.

(1) Le même Tribunal de commerce vient en outre de la confirmer avec énergie dans un jugement rendu le 9 mars, contre la Caisse mutuelle d'épargne.

« Le Tribunal, vidant son délibéré :

» Attendu que Victor David et consorts demandent la nullité des engagemens qu'ils ont contractés vis-à-vis du défendeur;

» Attendu que, suivant acte enregistré le 22 novembre 1839, Suau de Varennes a fondé une Société en commandite et par actions, sous la raison sociale Suau de Varennes et Ce, sous la dénomination de Caisse mutuelle d'épargne, Compagnie d'assurances mutuelles pour la vie;

» Attendu que la dite société avait pour objet de gérer, moyennant une commission, des associations ou assurances mutuelles; qu'il appert de l'examen des statuts que les assurés survivans devaient seuls prendre part à la répartition, à l'exclusion des bénéficiaires ou représentans des assurés décédés, et ce suivant les tables de mortalité dressées pour établir les droits de chacun;

» Attendu qu'un capital de deux millions de francs devait pourvoir et servir de garantie à toutes les opérations de cette société;

» Attendu qu'il résulte des faits qui précèdent que l'objet de la dite société était une association sur chances de vie, sorte d'entreprise qui rentre par sa nature dans la classe des tontines;

» Attendu que d'après l'avis du Conseil-d'État du 1er avril 1809, lequel a force de loi, aucune opération du genre des tontines ne peut exister sans l'autorisation du Gouvernement; que ce

L'ordonnance royale ne peut pas et ne veut pas être un passeport ou un bill d'indemnité pour des opérations antérieures. L'ordonnance laisse le passé comme il était avant qu'elle fût rendue, avec ses vices, avec les fautes des Directions qui se

Ordonnance royale; répudiation des opérations antérieures.

décret n'a pas été abrogé; que l'expérience de chaque jour démontre combien il est important de soumettre à l'application de l'autorité les statuts des sociétés de cette nature;

» Attendu que les faits particuliers à cette cause prouvent encore combien il est essentiel, dans l'intérêt des tiers, de faire respecter cette sage disposition de la loi ; que dans l'espèce, Suau de Varennes a cherché par tous les moyens à induire en erreur les personnes qui traitaient avec lui : promesse d'un capital social de deux millions qui n'a jamais été versé ; annonce d'un conseil composé des membres les plus honorables de la magistrature et du barreau, sans avoir obtenu l'autorisation de toutes les personnes par lui désignées; engagemens souscrits au nom de la Caisse mutuelle d'épargne et revêtus de la signature Suau de Varennes, précédée du titre de directeur-général; absence par conséquent de raison sociale, dans le but de tromper la foi publique en laissant supposer l'existence d'une ordonnance indispensable pour la formation d'une société anonyme;

» Attendu que de tous les faits susrelatés il résulte que les demandeurs ont contracté avec une société qui n'avait pas d'existence légale; que d'ailleurs leurs obligations ont été obtenues à l'aide de promesses et d'annonces mensongères;

» Par ces motifs, le Tribunal prononce la nullité des engagemens contractés par David et consorts au profit de Suau de Varennes et C[e]; condamne ces derniers à rembourser aux demandeurs les sommes payées en vertu des dits engagemens; les condamne également à garantir et indemniser les dits demandeurs de toutes les condamnations qui ont été prononcées contre eux à raison des susdits engagemens; et, pour établir le compte d'entre les parties, les renvoie, avant de faire droit sur ce chef, devant M. Jouve. »

sont avanturées en dehors de la légalité, et en réserve la responsabilité pleine et entière aux fauteurs des actes illicites. Elle s'exprime en ces termes :

Texte.

« Art. Ier. — La présente autorisation n'aura d'effet que pour l'avenir, et ne pourra, en aucune manière, s'appliquer aux opérations antérieures à ce jour. »

Pas d'autorisation rétroactive.

Le législateur n'agit jamais sur le passé. Toute ordonnance dérive d'une législation écrite, et ses effets ne sauraient donc être rétroactifs. Par delà sa source il n'y a rien, rien de légal, rien que le gouvernement puisse couvrir et garantir; tout retombe sur le domaine du principe qui régit la matière, et le gouvernement ne peut intervenir que pour frapper ses actes au nom de ce principe, du moment surtout que les intéressés réclament. Le passé tout entier, qu'aucune autorisation n'a couvert, rentre dans le ressort de la magistrature.

Changement de nom formellement prescrit.

Il faut observer ici, pour le cas où, sous la dictée d'un intérêt particulier, avec des précautions plus ou moins habiles, mais toujours transparentes, on chercherait à renouer des affaires brisées par le coup de la loi, que l'ordonnance a voulu le changement du nom des Compagnies, qu'elle l'a formulé spécialement à dessein, qu'il n'y a pas le moindre rapport entre les affaires d'autrefois et les stipulations nouvelles, sur la base desquelles on voudrait transporter ces affaires; que leur naufrage est absolu, irremédiable; que le premier article de l'acte royal prononce formellement la disjonction du présent et du passé.

Obligations nulles.

L'échec des Compagnies illicites est donc complet sur tous les points. Bien plus, dans le cas même d'un consentement unanime des souscripteurs, il serait impossible, en face des nouveaux statuts, de transformer des obligations nulles en obligations valables. L'ordonnance semble avoir pris des précautions surabondantes, comme si le Pouvoir, dans son réveil tardif, avait voulu laisser un préjugé défavorable sur un passé dont il avait à signaler les vices au public. En effet, tout subterfuge officieux, tout moyen d'accommodement pacifique, à l'effet d'opérer la transfusion des affaires des Compagnies anciennes dans le giron des Compagnies de nouvelle date, étant matériellement impraticable, l'autorisation ne pouvait être donnée qu'avec des réserves significatives.

Bases changées.

La rédaction des statuts a pourvu à cette pensée du Conseil d'État. Le moyen de la mise à terme (1) et celui des billets à ordre (2) ont été biffés, d'autres conventions ont été prescrites, la base du passé n'existe plus, et dès lors la mutualité disparaît par le fait.

Faculté de répétition.

La vertu du contrat mutuel est donc atteinte dans son essence même ; car la législation civile garantissant à chaque souscripteur la faculté de ré-

(1) *Assurances sur la Vie*, chap. VIII, § I^er^.

(2) Je définirai la mise à terme et le billet à ordre dans la Partie : — *Emploi des souscriptions*.

clamer la restitution de ses capitaux, le plus simple bon sens devine que les souscripteurs, en cas de décès de leurs assurés, pour échapper à la fatalité d'un engagement abusif, ne peuvent manquer, en grande partie, d'interroger la loi sur la validité de leurs actes. Cette observation s'applique aussi bien au système des mises annuelles de la Banque Paternelle, aujourd'hui *Caisse Paternelle,* qu'aux mises à terme et aux billets à ordre de la Banque Philanthropique, aujourd'hui *Concorde*, et de la Banque des Écoles, aujourd'hui *Caisse des Écoles*. On comprend que les souscripteurs dont les enfans sont morts ne se feront pas faute de réclamer les sommes qu'ils ont versées, soit à titre de droit de gestion, soit à titre de souscription, puisqu'il n'y a rien à espérer de l'avenir; que dès lors, ceux dont les enfans survivront, voyant le bénéfice des décès leur échapper, et tout le système mutuel s'écrouler, ne peuvent que suivre l'exemple des premiers et redemander la nullité de leurs contrats et la restitution de leur argent aux tribunaux qui les ont déjà prononcées.

Mutualité disparue.

Restitution de capitaux; précédens.

Des procès ont eu lieu, le public est éclairé, une seule revendication judiciaire a désuni ces assurances qui croyaient ne former qu'une seule chaîne et qui se touchaient sans se tenir; tandis que, par la disjonction que veut son ordonnance, le gouvernement vient de rendre un second arrêt, non moins formidable que celui de la magistrature.

Indépendamment de ce que toutes les conditions

sont changées et qu'à la place de sommes dérisoirement minimes, les Directions ont à demander aujourd'hui des versemens plus considérables à leur clientelle, il y aurait de la part de cette clientelle une imprudence flagrante et plus que de la bonhomie à se réassurer entre les mêmes mains, parce qu'elles se targuent d'une autorisation royale; puisqu'aussi bien la restitution forcée des versemens accomplis par grand nombre de souscripteurs pour leurs ayant-droit qui sont morts, perce à jour les derniers lambeaux d'une mutualité fictive.

Imprudence d'une réassurance entre les mêmes mains.

Et il est à craindre que les Directions ne puissent pas suffire au remboursement, les seuls droits de commission qu'elles ont perçus s'élevant à plus de quatre millions.

Remboursement douteux.

De leur côté, les magistrats, avocats, avoués, notaires et huissiers qui ont servi d'Agens aux Directeurs généraux, ont dû comprendre que les procès qui, de plus en plus, s'engagent à la ronde, reporteront sur eux la responsabilité morale et matérielle des Compagnies placées en face d'une liquidation peu rassurante. Ces débats judiciaires, quelques-uns d'entre vous le savent, Messieurs, entraînent déjà bon nombre d'hommes loyaux dans une série de tribulations. Deux sortes de responsabilité se présentent et pourront grossir le marc de la liquidation. Les Agens des Compagnies illicites sont responsables devant la loi qui les met en cause avec ceux qui les ont patronés, parce qu'ils ont reçu leur part de commission. L'art. X du

Responsabilités diverses des Agens.

Code de Commerce les oblige, et dans toutes les localités les souscripteurs ou leurs ayant-cause sont en droit de réclamer non seulement leurs versemens, s'ils en ont fait, mais aussi leurs droits de gestion, les uns et les autres frappés d'un caractère illégal entre les mains de l'Agent d'une Institution non-autorisée.

Souscriptions et droits de gestion.

Voici la seconde responsabilité : les actionnaires des Compagnies illicites sont engagés solidairement, pour leurs apports respectifs et jusqu'à concurrence du capital nominal, dans cette liquidation, dont ils n'éviteraient pas les désastres. Le versement de leurs actions n'a jamais été complété, et cela par une raison très simple : — c'est que dès le début tout a été bénéfice.

Actions, capital nominal.

Vous voyez donc, Messieurs, que de nouveaux statuts exclusifs des anciens ne peuvent que mieux constater l'illégalité des Compagnies qui sont frappées d'un coup mortel. Toute résurrection de ces Compagnies, même sous le patronage légal, porte, devant l'opinion, la peine de ses antécédens par une déconsidération préalable, sous quelque nom que cherchent à se déguiser ses coopérateurs qui ne sauraient nier leur participation à des actes illicites, ce désaveu de leur passé devant jeter un discrédit irremédiable sur leur marche future.

Résurrection frappée d'une déconsidération préalable.

Cette situation, je l'avais prévue, Messieurs, lorsqu'en 1837 je présentai le projet d'association de **L'Equitable** au Conseil d'État, devant lequel, et pendant quatre ans, j'ai discuté toutes les ques-

Prévisions anciennes du Fondateur, en instance auprès du Conseil d'État.

tions neuves que soulève l'assurance sur la vie. Ma persévérance à maintenir des principes qui ne furent pas toujours appréciés de prime-abord, a, pour ainsi dire, saisi le gouvernement de la tutelle et de l'étude d'un genre d'institution sociale auquel il ne pouvait convenablement rester étranger dans un tems où l'importance s'en accroît de jour en jour.

**Nos conseils aux cliens de l'illégalité.**

A l'égard de la clientelle formée par les Compagnies sous le régime de l'illégalité, L'Equitable ne saurait garder une contenance indifférente ; elle doit craindre également la déconfiture des assurés qui suivraient jusqu'au bout la liquidation de ces affaires illégales et le discrédit qu'un appel en masse, adressé dans ce moment aux tribunaux, répandrait infailliblement, dans beaucoup d'esprits, sur le principe même de l'assurance. Notre Direction centrale veut donc se constituer juge de l'opportunité de conseiller au souscripteur d'une Compagnie illicite le recours à la justice, ou de reprendre sa souscription à ses risques et périls. En conséquence, Messieurs, votre tâche, dans ces occasions, sera de prendre connaissance de la situation des affaires compromises qui vous seront indiquées, d'en recevoir les dossiers, si faire se peut, et de leur appliquer la régie de L'Equitable sur des bases agréées.

**Recourir à la justice, ou nous transmettre leurs souscriptions.**

**Le Fonctionnaire s'informe et décide d'après ses pouvoirs.**

**Reprise des contrats, sans commission nouvelle.**

La transfusion des souscriptions recueillies dans les Établissemens non autorisés en souscriptions légales à L'Equitable, devra se faire sans coûter de nouveaux frais de gestion aux assurés. Si notre Institution se trouve en face d'une Compagnie solvable, elle pourra toujours obtenir, de gré ou de force, le remboursement des frais de gestion payés par le souscripteur, et elle se le réservera jusqu'à concurrence de 5 p. 0/0. Mais si, par contre, un établissement illicite était sans ressource, **L'Equitable** et ses Fonctionnaires devraient en accepter gratuitement les affaires; sacrifice indispensable, qui préparera, pour chacun de vous, une récolte abondante de commissions ultérieures, en créant de bons rapports entre notre personnel et une portion considérable du public.

D'une Compagnie solvable, 5 0/0.

D'une Compagnie insolvable, héritage gratuitement accepté.

Puisque j'ai parlé plusieurs fois des tables de mortalité vicieuses, qui sont en effet l'un des grands défauts de la plupart des Compagnies, je désire, Messieurs, vous communiquer quelques réflexions propres à déterminer, en connaissance de cause, le choix du public entre ces concurrences et notre Institution.

Tables de mortalité vicieuses.

Peu de personnes ont pu, par une étude spéciale, connaître tout ce qu'il y a de frivole et de dérisoire dans les calculs de mortalité que les Compagnies donnent ordinairement pour fondement à leurs tarifs. Si ces tables de mortalité sont en effet, comme on l'affirme, l'ouvrage de la science; si les gérans n'ont pas groupé les chiffres sous la préoccupation du résultat qu'ils désiraient atteindre pour leur propre compte, abstraction faite de l'intérêt des souscripteurs, vous y trouverez la somme des observations faites par les statisticiens d'il y a trente ans, sur des masses dont le nombre et les conditions de longévité n'ont plus de rapport avec le nombre et les conditions de longévité de la population actuelle.

Calculs surannés.

Élémens inapplicables aujourd'hui.

Vous comprendrez, Messieurs, que le sort d'une Société d'assurances dépend de l'option d'une table de mortalité calculée sur des bases de la plus rigoureuse exactitude, et que le choix d'une progression trop lente ou trop rapide favorise les uns au détriment des autres ; car, d'après les tables adoptées par les Compagnies illicites, le souscripteur entrant dans une classe qui se trouve déjà depuis plusieurs années en exercice, paie plus cher qu'il ne devrait payer, puisqu'au moment de l'engagement, et sous prétexte de regagner le niveau commun, il est tenu d'apporter à la masse un plus grand nombre de prix d'extinctions que l'on ne compte de décès réels. Ceci deviendra frappant jusqu'à l'évidence, si nous supposons deux enfans du même âge associés dans une Société mutuelle pour un capital payable à l'époque où ils atteindront 21 ans, avec cette différence que la souscription a eu lieu, pour le premier, à la naissance, et, pour le second, à sa 12e année. La première souscription étant de 100 francs, la seconde, en supposant l'intérêt à 4 p. 0/0, sera :

Exactitude nécessaire dans les tables.

Exemple.

D'après la table de Duvillard, de. . 314 fr. »
D'après la table de Deparcieux, de. 218 fr. »
D'après la table de Demonferrand, de 134 fr. 60

Mortalité fausse; équilibre outragé.

Les calculs établis sur une mortalité trop rapide outragent donc, dans une grave mesure, l'équilibre qu'il importe essentiellement de maintenir entre les associés (1).

Calculs de L'ÉQUITABLE, par M. Demonferrand.

Mes études sur les lois de la mortalité tendirent à faire disparaître ces vices qui me blessaient depuis longtems; mais, pour donner plus de poids aux combinaisons de **L'Équitable**, j'ai confié tous les calculs que nécessitait notre entreprise à M. Demonferrand, Inspecteur-général des études, Examinateur à l'École Polytechnique, et dont les travaux ont été couronnés du grand prix Monthyon à l'Académie des sciences. En sorte que j'ai pu prendre, pour point de départ, des tables qui présentent une certitude mathématique, et qui nous permettent d'équilibrer, dans un vaste système de mutualité, les assurés des diverses classes de la nation où notre Établissement doit puiser sa clientelle.

Vulgarisation de la statistique, manquée par les Assurances.

Pour ceux qui ont suivi l'histoire des assurances dans notre pays, il n'est pas surprenant que la vulgarisation des notions vraies de la statistique ait été faussée dans son enseignement même. Entraînés par un intérêt personnel exclusif dont ils ont été les premières dupes, ceux qui devaient aider à les répandre ont été les premiers à les défigurer. Il est certain que le mécanisme des associations sur la vie est très peu compris dans les villes et les campagnes, grâce, peut-être, aux prospectus rédigés

Prospectus équivoques.

(1) *Assurances sur la vie*, Chap. VII, § Ier.

sous la gêne d'une situation équivoque, et qui n'ont, je crois, jamais présenté pour personne un sens clair et pur. Mes efforts se sont dirigés vers l'élucidation de ces doctrines, qui se complétera par des expositions et des instructions spéciales, destinées à faciliter tout à-la-fois l'éducation publique en matière d'assurances et l'appréciation de l'avenir qui nous attend.

Élucidation par nous.

J'ai dit que les publications particulièrement appropriées à l'état de choses local se résumaient, pour le Fonctionnaire, par la presse, l'affiche, le prospectus, la police et le cours. Examinons ces divers moyens l'un après l'autre.

Cadre des publications locales.

Pour les publications séparées que vous voudrez faire, afin de répandre notre système de prévoyance parmi la population qui vous environne, il s'agira toujours de traduire mes enseignemens généraux sur les assurances dans le langage le plus convenable au pays.

Traduire l'enseignement général.

La presse périodique vous ouvre, pour le même but, une occasion de faire paraître des articles où le détail des affaires de L'Equitable doit, autant que possible, être précédé de quelques réflexions générales sur les questions flagrantes de l'industrie. Des extraits choisis dans mes ouvrages, ou dans les ouvrages de ceux d'entre vos collègues qui vous paraîtraient avoir bien saisi la forme de l'enseignement pratique des assurances, occuperont convenablement une large place dans les journaux qui vous sont accessibles. Vous

Presse; articles industriels de circonstance.

Emprunts au Directeur-général ou à des collègues.

Délégation aux rédacteurs ordinaires.

pourrez également vous reposer sur les rédacteurs ordinaires, lorsque vous aurez acquis la certitude de leur compétence sur la matière, et de leurs bonnes dispositions envers nous.

Affiches.

Les affiches, très-visibles, imprimées avec élégance sur papier de couleur, demandent à être placées dans les lieux de passage les plus fréquentés, tant à la ville qu'à la campagne. Indépendamment des points de la voie publique sur lesquels tous les yeux s'arrêtent, il est encore désirable que ces affiches soient étalées dans les endroits publics où beaucoup d'habitans du lieu et beaucoup d'étrangers séjournent pendant un espace plus ou moins long; tels sont les cafés, les hôtels garnis et autres, les bureaux des voitures publiques et des bateaux à vapeur. Le Fonctionnaire lui-même aura soin de placer au-dessus de sa porte, en manière d'affiche permanente, une enseigne faite avec recherche et qui se distingue bien de celles du commerce.

Enseignes des Fonctionnaires.

Pour l'apposition et le renouvellement des affiches, je vous recommande, Messieurs, de choisir les époques auxquelles une cérémonie, une foire, un marché ou quelqu'autre événement que ce soit, attirent l'affluence du monde. Le renouvellement de ces placards doit être fréquent. Il sera bon, si, par exemple, depuis la rédaction de la dernière affiche, **L'Equitable** se trouve en état d'annoncer un accroissement quelque peu considérable dans le chiffre de ses opérations, de laisser subsister

Époques d'affichage.

l'ancienne affiche à côté de la nouvelle, pour que le public puisse mesurer, d'un coup d'œil, le progrès de nos affaires.

Prospectus;

Les règles que j'ai posées à la rédaction de vos publications, en général, s'appliquent particulièrement aux prospectus que vous pourrez rédiger vous-mêmes, aussi bien qu'à vos affiches. Il ne me reste plus, dans ce paragraphe, qu'à traiter de la distribution des prospectus. Elle peut se faire de plusieurs façons. L'envoi par la poste ne convient guère que pour les personnes qui le demandent expressément. L'expérience a prouvé que les prospectus adressés au hasard à des personnes éloignées n'obtenaient presque jamais de résultats, et produisaient même souvent des résultats directement contraires à ceux que l'on en avait attendus. Une invitation particulière vaut mieux qu'une invitation publique, parce que le choix que vous avez fait d'une personne lui donne à croire, avec raison, que vous avez reconnu l'utilité spéciale de nos combinaisons de prévoyance pour les charges et les obligations que cette personne peut avoir à remplir.

Leur distribution.

Il faut donc, en adressant un prospectus, par la poste, aux individus qui ont témoigné le désir de le recevoir, y ajouter toujours, soit une circulaire signée de votre main et nominalement mise à leur adresse, soit une lettre manuscrite, si brève qu'elle soit, sauf à vous excuser des formules de votre laconisme, à cause de l'urgence de vos affaires; et, dans l'une ou dans l'autre, il faut

Y joindre une lettre-circulaire ou manuscrite.

avoir soin d'insister sur la combinaison qui vous semble le mieux mériter la préférence de votre correspondant.

Les remettre de la main à la main.

Comme la parole a plus de puissance que la plume, il est toujours préférable de remettre les prospectus de la main à la main aux gens avec lesquels vous pouvez avoir une conversation, n'occupât-elle que peu de minutes, surtout si vous êtes en mesure de corroborer votre démarche par des recommandations : point important et que je reprendrai dans le § 3 de cette Partie.

Polices.

Les polices de L'Equitable, gravées avec luxe, sont encore un moyen de populariser l'assurance. Vous remarquerez, Messieurs, que le cercle des applications de notre système se trouve répété dans le titre, ce qui peut, soit engager un souscripteur à signer des contrats pour des obligations qu'il n'avait pas encore prévues, soit nous valoir de nouveaux cliens. Une police bien faite se montre avec complaisance dans l'intimité et devient, par cela seul, le meilleur de tous les prospectus.

Cours.

Par le terme de cours, je veux désigner, d'une manière générale, les réunions plus ou moins publiques où l'on discute sur des questions qui se rattachent, soit directement, soit indirectement, aux intérêts matériels. Très-souvent nos Fonctionnaires rencontreront des orateurs qui prêchent des théories presque toujours séduisantes par quelque côté, mais sans indiquer le caractère de la transition qui pourrait conduire les masses vers un avenir meilleur que le présent. Accepter les faits accomplis, partir de là pour mieux faire par un chemin abordable et nettement tracé, telle est la politique du bon sens pour les intérêts matériels, comme pour tout le reste. En conséquence, ceux d'entre mes Fonctionnaires qui ne reculeraient point devant la tâche, d'ailleurs moins ardue qu'on ne le suppose quelquefois, d'exposer devant un auditoire leurs idées sur une matière dont ils possèdent tous les élémens, pourraient lever avec succès le drapeau de l'assurance au milieu de ces luttes de systèmes qui sont à l'ordre du jour en France. La voix d'un homme grave qui vient opposer à de superbes rêveries un ensemble d'améliorations praticables, où l'ordre public, les bonnes mœurs et la prospérité des familles trouvent à la fois des gages certains, aura toujours plus d'écho dans les consciences qu'une parole sonore dont les accens, s'ils peuvent captiver l'imagination pendant quelques minutes, ne sauraient jamais laisser dans l'esprit un germe de sagesse au profit des besoins réels de la vie.

Exposition accidentelle de notre principe.

L'opinion des hommes n'a pas de guide plus sûr que leur propre intérêt, et l'assentiment général vous sera promptement acquis, lorsque, sans nier les espérances de l'avenir, vous inviterez vos concitoyens à leur donner pour base les réalités du présent. Une modeste certitude vaut mieux qu'une brillante éventualité, dont elle trace d'ailleurs le chemin le plus sûr. Ce n'est pas tout de prédire de

L'avenir ne se fonde que sur le présent.

belles choses, il faut en faire de bonnes; et les petites améliorations que l'on accomplit, valent mieux que les grands progrès que l'on rêve.

II. Parole.

Relations de la vie commune, point capital.

Nous arrivons au point central et capital de cette Partie de notre Instruction administrative. Les rapports de la vie commune sont les moyens essentiels de la propagation de nos affaires; car, à vrai dire, la presse ne s'appuie que sur des relations routinières, dans lesquelles on est rarement sûr de l'attention calme et soutenue du lecteur, et l'oratoriat ne crée presque jamais que des relations de curiosité pure, où la réflexion de l'auditeur est plus tendue vers son amusement que vers ses intérêts.

Complexité des relations personnelles.

Cette double voie, néanmoins, n'est pas à dédaigner : elle peut convenir à des habitudes très répandues; mais, je dois le redire, ces habitudes sont factices et capricieuses. Le véritable terrain des affaires devient, de plus en plus, et sera toujours le champ de la vie sociale avec ses franches allures, telle qu'on la mène au foyer domestique ou dans les lieux publics, sans revêtir le costume d'emprunt dont se couvrent l'écrivain et l'orateur.

Avant tout, les relations communes du Fonctionnaire avec les individus, sur lesquelles je veux poser un petit nombre de principes, s'offrent sous le double aspect du précepte et de l'exemple.

Précepte.

Commençons par le précepte, dont l'usage se renouvelle sans cesse dans la pratique des assurances, et nous finirons par ce qui le couronne, par l'exemple nécessairement donné dans une mesure plus restreinte.

Pour se préparer à faire ses offres de souscription en connaissance de cause et sur une grande échelle, il est presque indispensable de posséder, à l'égard du renouvellement de la population, les renseignemens officieux que peuvent donner les employés de l'état-civil qui sont chargés de l'enregistrement des naissances. L'Agent, instruit de l'augmentation que vient d'éprouver une famille, proposera de préférence aux parens d'assurer le nouveau-né, avant l'expiration du premier mois, en leur faisant apprécier les conditions avantageuses auxquelles nous pouvons recevoir les enfans de ce bas âge.

**État civil ; statistique des naissances.**

La distribution des prospectus est le meilleur prélude à vos entretiens avec les assurables ; elle continue ce que l'annonce a commencé et qui se terminera de vive voix. Elle vous prépare la route, autant dans les visites préméditées, que dans les rencontres d'habitude ou de hasard qui vous auront mis en présence des personnes auxquelles nos combinaisons vous semblent convenir.

**Entretien préparé par un prospectus.**

Avant d'entrer en matière, il n'est pas d'une absolue nécessité, sans doute, mais il est pourtant très utile que les Agens soient instruits, au moins sommairement, du nombre des enfans ou des parens assurables, de leurs âges, de la position de la famille, et de toutes les circonstances

**Renseignemens préalables.**

qu'un souscripteur peut avoir à déclarer à l'Institution. Les préliminaires de l'entrevue seront ainsi simplifiés.

Mise en rapport,

Comme un rapprochement en amène facilement un autre, et comme, lorsqu'une fois deux hommes se sont rencontrés dans le monde des affaires, ils s'accordent bien vite sur une question aussi claire que l'assurance, la mission des Agens sera toujours favorisée par l'à-propos d'une mise en rapport qui se fondera déjà sur quelqu'autre intérêt préalable.

par une autre affaire.

Marchés; notaire de la campagne.

Sous ce point de vue, les marchés sont des établissemens précieux pour nous. Le rapport des productions agricoles, que les villageois y réalisent, passe le plus souvent entre les mains d'un notaire qui fait sa spécialité du soin de leurs intérêts, et qui, par ce motif, est désigné sous le nom de notaire de la campagne; c'est lui-même, ou c'est un de ses principaux clercs, que les campagnards consultent d'habitude sur le meilleur emploi de leurs capitaux. Il est donc à souhaiter que l'un d'eux se trouve dans le personnel, ou du moins parmi les relations de l'agence locale.

Lieux de réunion des commerçans et des prolétaires.

Il est à peine besoin de rappeler que la propagation verbale de l'assurance trouve ses principaux centres dans tous les lieux de réunion fréquentés, et surtout dans ceux où se rendent les classes occupées par le commerce et par les travaux manuels. La présence de l'Agent dans les établissemens publics est une des plus grandes occasions d'affaires pour L'Equitable ; aussi les Agens devront-ils tâcher de s'y faire représenter, même en leur absence. Je leur conseille de mettre à profit la notoriété dont ils jouissent dans une maison, pour y laisser, sous la protection de ceux qui la tiennent, un imprimé qui donne l'explication de nos affaires, avec le titre et l'adresse de notre Mandataire.

L'Agent absent représenté par un imprimé.

Une fois l'assurance faite, les soins que le Fonctionnaire doit à l'intérêt de son client, aussi bien que la cause de notre propagation, demandent qu'il renouvelle ses entrevues avec lui, pour l'édifier de plus en plus sur nos combinaisons. L'Equitable désire que le personnel de son Administration noue des rapports affectueux avec sa clientelle, afin que ses souscripteurs deviennent, à leur tour et par conviction propre, les agens officieux de l'assurance mutuelle, et qu'ils contribuent, pour leur profit comme pour le nôtre, à répandre ce principe dont la cause est toujours bonne à plaider.

Renouvellement des entrevues, après la souscription.

Qu'il soit bien entendu, Messieurs, que ces diverses relations individuelles ne doivent occuper que les Agens et tout au plus les Sous-Directeurs, en tant que le cercle de leurs travaux serait encore très circonscrit. Le Directeur départemental et le Sous-Directeur d'un arrondissement important pour L'Equitable en ont bien assez des soins généraux de leur administration. Ils seront plus utiles à l'assurance en dirigeant l'ensemble qu'en se préoccu-

Division hiérarchique de nos travaux administratifs.

pant d'un détail, de même que, dans une armée, l'officier qui commande un détachement sert mieux les opérations qu'il ne pourrait le faire en prenant la place du sous-officier ou celle du soldat. Or, dans notre hiérarchie, les rangs sont proportionnels à l'importance des fonctions : le simple Agent qui multiplie ses affaires à tel point qu'elles réclament la constitution d'une Sous-Agence, relève naturellement son propre grade, par cela seul qu'il en crée de nouveaux en dessous. La pratique de chacun de vous doit donc se juger d'après la totalité des intérêts qu'elle embrasse, et tout Fonctionnaire qui peut en ranger d'autres au-dessous de lui, quel que soit d'ailleurs son titre dans **L'Equitable**, donnera ses premiers soins à l'ensemble de la circonscription qu'il administre.

**Les rangs, proportionnels au chiffre d'affaires.**

**Plan sommaire des applications.**

**Notre tableau.**

Le point de départ pour un Agent, c'est de se mettre en face de la série des charges et des obligations sociales; il en trouvera le plan sommaire dans le *Cercle des opérations de* **L'Equitable**, où les spécialités les plus communes de l'assurance sont déjà classées. Chaque jour, quelques circonstances imprévues provoqueront une application nouvelle de notre principe. La théorie ne pouvait qu'exposer les points capitaux de son emploi, dont la pratique élargira graduellement le domaine.

**Suivre la marche de l'intérêt assurable.**

L'Agent, vis-à-vis de chaque individu, recherche la nécessité particulière qui le préoccupe, afin de remonter à l'origine de cette nécessité et d'en calculer la marche depuis le moment où elle se noue entre nos mains, jusqu'à celui où elle est close par l'échange mutuel et l'annullation des titres. Pour bien connaître la situation à laquelle il veut appliquer l'assurance, l'Agent doit chercher, avant tout, à provoquer les explications de son interlocuteur. Ce n'est qu'après l'avoir bien écouté, qu'il est tems de lui donner à son tour des éclaircissemens qui deviennent des conseils; et, de même qu'un médecin prudent s'attaque droit au symptôme dominant de la maladie, sauf à descendre après, s'il y a lieu, jusqu'aux signes secondaires, de même l'Agent commencera par battre en brêche les objections graves, pour avoir ensuite meilleur marché des objections plus légères. La bonne tactique est de frapper l'obstacle au cœur, méthode expéditive qui fait économiser une chose d'un prix inestimable : le tems.

Bien écouter.

En donnant ces explications préparatoires sur la pratique des assurances, discernez bien l'impression que produisent vos conseils, et, pour y parvenir, obtenez que l'individu s'explique sans détour sur les avantages ou les inconvéniens qu'il croit voir dans une assurance pour sa position spéciale. C'est à ce moment de la conférence que vous devez examiner avec soin s'il est pénétré des avantages essentiels que nos combinaisons lui promettent, ou, dans le cas opposé, si la crainte des inconvéniens qu'il suppose ne doit pas plutôt son origine à la préoccupation des circonstances, qu'aux objections de principe que lui suggère sa

Provoquer la franchise.

Etudier le secret des hésitations.

4

réflexion libre. Je m'explique : l'individu peut mettre en doute l'efficacité de l'assurance mutuelle, parce qu'il n'en a point compris le mécanisme général, et dès-lors il ne s'agit que de compléter son éducation sous ce point de vue, par les enseignemens dont je vous ai donné le modèle. Mais il arrivera peut-être plus souvent que les gens troublés par le caractère de leur situation privée, s'imagineront que l'assurance, quoique bonne à d'autres usages, ne peut les tirer de l'embarras dans lequel ils se trouvent. Les charges et les obligations sociales qui concernent votre client lui-même ou quelqu'un de ses proches, lui, sembleraient alors être des exceptions à la règle générale; il pencherait à croire que le capital qu'il désire est impossible à obtenir d'une manière avantageuse et certaine par les procédés de **L'Equitable**. Or, en pareille matière, les doutes et les hésitations résultent quelquefois d'une gêne d'intérieur sur laquelle on n'aime pas à s'expliquer. Un chef de famille, par exemple, possède des valeurs qui ne sont pas disponibles à l'instant même, et leur réalisation est subordonnée à certains arrangemens dont il lui répugne de vous faire l'aveu. La finesse de votre coup-d'œil, sans attendre une déclaration souvent pénible, peut lever ces objections avant qu'elles ne soient formulées. Plutôt répondre à l'avance qu'après coup, tel doit être votre système ; vous en retirerez immédiatement un double avantage. D'abord, vous

Répondre en conséquence et plutôt avant qu'après l'aveu.

épargnerez à l'individu la mortification d'avoir été réfuté dans une controverse, et d'avoir reçu, pour ainsi dire, une leçon; ensuite, par cela seul que vous aurez mis le doigt, du premier coup, sur la plaie cachée, on comprendra qu'une pensée de prévoyance universelle a dominé la constitution de **L'Equitable** et que la Direction a dû se faire une science fixe des événemens fortuits qui peuvent préoccuper telles et telles catégories d'individus.

Examen des applications quant aux objections individuelles.

Afin que vous soyez armés de toutes pièces pour la propagation de nos affaires, il m'est nécessaire d'en examiner ici les applications sous le point de vue des objections individuelles, sauf à reprendre, dans les trois autres Parties, l'emploi, l'exécution et la liquidation de l'assurance suivant les Spécialités diverses et la Caisse générale qui les résume toutes en elle-même.

Les Spécialités distinctes, s'ouvrant à qui le veut.

Comme notre administration, purement officieuse, ne veut et ne peut s'adresser qu'au libre choix des individus, j'ai mis en avant que les Spécialités distinctes du *Cercle des opérations* de **L'Equitable**, avec leurs désignations nominales, sont ouvertes aux souscripteurs qui persisteront, après mûre et sérieuse consulte, à s'assurer sous les formes de Recrutement, de Dot, d'Éducation, etc. Vous suivrez, envers cette partie du public, le plan de l'exposé compris dans le *Cercle des opérations,* et dans le livre des *Assurances sur la vie.* Chaque mise de fonds d'un individu, quoiqu'elle se présente toujours sous un aspect plus ou moins nouveau, n'exige, en définitive, que l'emploi de la même méthode pour s'entourer des éclaircissemens qui lui sont propres.

Mais, en partant des charges et des obligations assurables qui rentrent dans l'une ou dans l'autre de nos neuf Applications, vous insisterez particulièrement sur la *Spécialité de l'Imprévu* ou *Caisse des Répartitions Périodiques,* comme pouvant les réunir toutes avec des facilités supérieures, dans une Association beaucoup plus nombreuse, et par conséquent plus sûre et plus profitable. Elle applanit en effet les obstacles légitimes que la sollicitude individuelle peut élever contre le choix des petites Applications nominales.

Celle de l'Imprévu, mérite la préférence des recommandations.

Ces difficultés varient suivant la nature des Applications. Auparavant de les traiter chacune à part, considérons les trois objections fondamentales qu'un individu peut faire en principe contre toutes les Spécialités distinctes dans la pratique de l'assurance mutuelle.

Elle résout d'abord trois objections générales.

Risque de mort.

D'abord, ces contrats à long terme, qui comprennent souvent un espace de plus de vingt années et que le souscripteur doit même étendre sur la plus grande période possible pour obtenir des conditions d'autant meilleures, l'exposent à perdre une partie ou la presque totalité de ses versemens, si le décès de l'assuré survient avant la clôture des répartitions ; tandis que la Spécialité de l'Imprévu ne lui fait courir le même risque que sur un tems limité provisoirement à cinq années, et que nous pouvons, si l'on veut, réduire encore bien davantage.

Risque de déchéance.

Ensuite, plusieurs événemens, que la prudence humaine ne saurait ni conjurer ni prévoir, tels que la mort du souscripteur primitif, les absences, les maladies, les gênes momentanées, la ruine totale ou partielle d'une famille, bref, les accidens de toute espèce peuvent contraindre le porteur d'un contrat de long terme à suspendre ses versemens. Les assurances mutuelles autorisées, plus conciliantes que les Compagnies à primes fixes, et surtout que les Associations illicites, ne le frappent point alors d'une déchéance absolue ; mais l'État, qui n'autorise que le remboursement du capital pur et simple aux scissionnaires, leur impose en conséquence une double pénalité : les intérêts produits par leurs fonds et la part qu'ils pourraient réclamer dans les héritages, sont simultanément adjugés à la masse qui les considère comme des assurés du troisième mode, morts avant toute reversion et dont les héritiers ne recueillent que l'apport primitif. Il est donc possible qu'un souscripteur, après avoir versé vingt-quatre annuités sur vingt-cinq, se trouve dans l'impossibilité absolue de fournir la vingt-cinquième, et qu'il perde ainsi, non-seulement les intérêts accumulés de ses vingt-quatre dépôts, mais encore la part proportionnelle qui lui revenait dans l'héritage des morts. En une foule de cas, des inconvéniens de même genre se font sentir, quand on signe des contrats à longs termes. Un père, qui n'a d'autre fortune que sa propre industrie, s'engage à verser une série d'annuités pour son enfant. S'il meurt avant le paiement intégral de tous les termes de sa mise, en laissant des héritiers mineurs mal disposés pour cette assurance, ou soumis à des tuteurs négligens, ou bien encore, si des embarras de succession ne permettent pas aux héritiers de s'exécuter avant l'heure fatale, la déchéance est prononcée, et la confiscation au profit de la masse, des droits acquis peut placer un orphelin dans le plus cruel embarras. — Rien de semblable, dans la Spécialité de l'imprévu ; les versemens y sont autant de mises au comptant, indépendantes les unes des autres, le premier n'engage pas le second, et l'individu, comme à la Caisse d'épargne, est libre d'y déposer ou non à sa convenance. Si les versemens sont discontinués, les premiers profitent à l'économie qu'il a voulu faire, dans la proportion de leur quotité, en laissant une indemnité qui comble, jusqu'à certain point, les vides que le dépositaire aurait pu remplir par une longévité plus favorable.

Intérêt des droits de gestion.

Enfin, dans une période de vingt années à parcourir, l'Administration est contrainte de prélever aussitôt vingt années de droit de gestion, dont les intérêts, si minimes qu'on les suppose, forment un capital qui surcharge considérablement le prix de l'assurance. Chaque souscripteur économiserait nécessairement ce capital additionnel en optant pour le contrat à courtes échéances, d'autant que celui-ci lui laisse le loisir de se raviser, et de donner à son argent, redevenu libre, l'emploi que lui conseillerait l'occasion ou le caprice.

Système quinquennal. Commission unique.

Ajoutons un détail essentiel. Une première commission de cinq p. 0/0 est payée pour le premier dépôt quinquennal. Il est bon que l'individu qui prétend réemployer cette somme pendant la durée d'une seconde période, trouve profit à consommer cet acte de bon vouloir, et que le nouvel encaissement soit ainsi facilité. **L'Equitable** a donc résolu d'administrer sans exiger aucune commission nouvelle sur toute somme qui ne sort pas de sa Caisse, et qui passe aussitôt d'une période écoulée dans une période subséquente.

Parcours des petites spécialités parallèlement à la grande.

Veuillez maintenant, Messieurs, pour votre gouverne dans les conseils que nos cliens vous demanderont sur l'emploi distinct d'une somme donnée, parcourir avec moi les diverses Spécialités que nous avons jugé convenable de définir, afin de les confronter avec la Spécialité indéfinie et qui se prête à toutes les applications possibles, comme il sera bon que vous soyez en mesure de le démontrer à tous les individus, sous quelque catégorie qu'ils se trouvent. Nous chercherons à saisir le procédé d'application qui facilitera, pour la clientelle, le passage de tel emploi de fonds vers un emploi plus large et plus fructueux.

Dans la règle, notre rôle est d'offrir, d'expliquer et de recommander la grande Spécialité, quel que soit l'usage que le client se propose d'en faire; puis, suivant l'occasion, et si nous le jugeons opportun, nous scruterons le motif de son assurance, pour lui montrer comment la grande combinaison s'y applique. Le caractère de l'Agent n'est pas le même dans cette double occupation; il reste dans les devoirs de sa charge, lorsqu'il expose la combinaison des contrats courts et multipliés; quand ensuite il délibère, avec les incertitudes de l'individu, sur la possibilité de satisfaire à quelque exigence que ce soit par la Caisse de l'Imprévu, notre Mandataire remplit un office consultatif de pure complaisance, dans l'intérêt des bons rapports, et les assurables ne doivent pas oublier alors que c'est pour leur faciliter les abords de l'assurance, et pour la leur procurer à de meilleures conditions, que l'Administrateur des affaires de **L'Equitable** étudie avec eux leurs intérêts de famille.

Pour l'Administrateur, l'exposition industrielle est obligatoire. La consulte privée est de pure complaisance.

Montrons comment la Caisse des Répartitions, Périodiques remplace avantageusement nos trois Modes, et conduit le Souscripteur au but qu'il s'est proposé mentalement et par avance, ainsi qu'à celui dont il ne se serait avisé que plus tard.

Nos trois Modes remplacés par la grande Caisse.

Notre premier Mode répartit la masse sociale et ses intérêts composés entre les survivans d'une période, lorsque cette période est accomplie.

Premier Mode.

Assurance exclusive contre le *Recrutement*.

Si les gens soumis au tirage font à part, entre eux seuls, l'assurance contre les chances du *Recrutement*, leur association doit mettre en ligne de compte deux ordres de chances distincts, celles du recrutement, et celles de la mortalité, en calculant les unes et les autres d'après la statistique. Mais ce n'est plus sur la base exclusive de ces deux ordres de chances combinés que l'on s'assure dans la Spécialité de l'Imprévu. Chacun, gardant pour soi-même les chances d'exemption du service qu'il peut avoir, s'assure, tout comme les souscripteurs de la Dot, de la Rente viagère et des autres Applications, sur la base unique et commune de la mortalité. Il est facile de voir que l'assurance, ainsi conçue, s'empare d'une série d'éventualités beaucoup plus large, et neutralise dès-lors beaucoup mieux les effets du hasard pour chaque tête. Car si, d'une part, dans une Caisse spéciale contre les risques de la conscription chaque tête apporte un double contingent de chances, dont les unes appartiennent à la mort, et les autres à l'exemption du service, on s'aperçoit que, d'autre part, dans la Caisse de l'Imprévu, quoique les mêmes têtes n'y soient plus comptées que pour leurs seules chances de mort, abstraction faite des éventualités du tirage, néanmoins le chiffre total des chances sera beaucoup plus élevé que dans la Catégorie distincte du Recrutement, parce que la clientelle de l'opération périodique se composera, outre la presque totalité des gens à qui s'adressent les neuf Applications nominales et leurs nuances intermédiaires, d'un surcroît énorme d'assurés qui n'auraient voulu s'emprisonner dans aucune de ces Sociétés étroites, mais qui seront satisfaits par le caractère libre et par les avantages supérieurs de la combinaison à courtes échéances. En définitive, pour celui qui veut opter entre la Caisse du Recrutement et la grande Caisse, le parallèle se réduit à ces termes : — En supposant que les chances de mort et les chances de recrutement soient égales, une seule tête de la Catégorie soumise au tirage équivaut, il est vrai, sous le point de vue de la reversibilité des chances, à deux têtes dans la Dot où dans toute autre Catégorie nominale. Mais en supposant par contre, et c'est rester au-dessous de la vraisemblance, que la clientelle de surcroît, dont je viens de parler, ne fasse que compenser exactement les exceptions que pourrait souffrir le transfert des neuf masses nominales dans la Caisse universelle, l'Association de la Spécialité de l'Imprévu sera toujours neuf fois plus nombreuse que l'une des petites Associations qui se résument dans son sein. Le rapport du nombre des risques qui s'équilibrent par les chances de reversion sera donc, entre la Caisse du Recrutement et la Caisse des Répartitions Périodiques, comme deux est à neuf, c'est-à-dire, que les conditions de la mutualité seront au moins quatre fois et demie plus avantageuses et plus sûres dans la seconde que dans la première, sans compter la

Double contingent de chances par chaque sociétaire.

D'autre part, contingent simple, multiplié par neuf, au moins.

petite assurance que l'on demeure libre de faire à part pour les seules chances d'exemption du service.

Ce qui laisse libre d'ailleurs, de faire l'opération spéciale à côté.

Assurance exclusive pour la *Dot* et le *Fonds d'industrie.*

Comme la répartition, dans les spécialités de la *Dot* et du *Fonds d'industrie*, se fait à l'époque déterminée par l'ayant-droit, l'engrenage des séries quinquennales doit être calculé de manière à faire tomber précisément l'échéance du retour définitif et simultané de ses divers apports, sur la date qui lui convient. Il est facile de comprendre comment cette opération s'accorde avec le mécanisme de la Spécialité de l'Imprévu. Un père, par exemple, veut que son fils ou sa fille ne reçoive sa mise primitive, accrue des intérêts et des reversions, qu'à l'âge de vingt-et-un ans. Néanmoins, ce père a versé cinq mises successives, la première, lorsque l'enfant comptait sept ans, la dernière, quand il en avait onze, en sorte que les cinq répartitions correspondantes de cette série échoient, pour le sociétaire survivant, entre sa treizième et sa dix-septième année. Or, s'en tenir à cette liquidation, ce serait vouloir rentrer dans ses capitaux à contre-tems. Le souscripteur, ou la Direction autorisée à cet effet par lui, réemploiera donc les cinq rentrées dans cinq séries successives, de manière à faire valoir chacun des dépôts jusqu'à la date commune, à laquelle il s'est proposé de mettre, d'un seul coup, son fils ou sa fille en possession du produit total de ses épargnes. En conséquence, le dépôt de la treizième année, échu dans la dix-huitième, se réemploie, à

Transformation toute simple. — Exemple.

compter de cette époque, dans une série quinquennale, à laquelle il reste,à faire un parcours de quatre ans; le remboursement de la dix-septième année se réemploie pendant la dix-huitième, dans une série encore à son ouverture, afin de parcourir cinq ans. Au contraire, le remboursement de la seizième année, replacé de suite, et qui doit faire six ans, traversera d'abord une série quinquennale tout entière, et puis, pour compléter son tems, y joindra la dernière année d'une série qui aura fait quatre ans sur cinq. Ainsi des autres, jusqu'au capital remboursé dans la treizième année, lequel suivra d'abord une série du commencement à la fin, et puis encore une autre série pendant les quatre cinquièmes de son existence. Bref, on fera circuler tous les dépôts, jusqu'à ce que les remboursemens définitifs, avec intérêts et reversions, coïncident tous vers l'époque où le bénéficiaire aura vingt-et-un ans révolus, et où il entrera en jouissance du total, comme le voulait le constituant.

Vous ferez considérer au souscripteur que dans le cas d'un événement qui précipiterait l'époque du mariage ou de l'établissement de son titulaire, ou qui, par d'autres causes, lui ferait désirer tout-à-coup de rentrer dans ses fonds, **L'Equitable** se chargerait d'acheter son contrat pour le transférer, soit à elle-même, soit au compte d'un tiers. C'est ainsi qu'un souscripteur, après trois ou quatre versemens faits sur cinq, peut à volonté les reprendre avec l'intégralité de leurs intérêts et le

Faculté de transférer un contrat.

prix que l'acheteur veut offrir du dividende qui leur appartient déjà dans les reversions. Il est hors de doute que les souscripteurs se prévaudront très souvent de cette faculté de transporter leurs contrats d'assurance pour en tirer parti dans un besoin instantané (1).

Notre second Mode répartit entre les survivans, chaque année, les revenus de la masse sociale, accrus ou non accrus par une annuité que l'on prélève sur le capital de la souscription. Second Mode.

Dans l'*Éducation*, les versemens et les répartitions se divisent en plusieurs termes; le mécanisme de la Spécialité de l'Imprévu est donc exactement le même que celui de cette application distincte, sauf la plus grande rapidité des échéances. Lorsque l'Éducation dure huit ans, par exemple, on verse dans huit séries successives pour recevoir la somme équivalente aux pensions durant tout le tems assigné aux études. *Education*, comme la Spécialité indéfinie.

Il en est de même des *Donations en faveur d'orphelins*, Spécialité mixte qui participe à la fois de la Dot et de l'Éducation, autant par la nature des charges qu'elle embrasse que par la forme des dépôts et des rentrées dont elle est l'objet; car les mises s'y versent par annuités, ainsi que dans les deux cas d'Éducation et de Dot, tandis que les répartitions s'y exécutent indifféremment en plusieurs années, comme dans le premier, ou bien à une seule époque, comme dans le second. — Je veux *Donations pour orphelins*, Spécialité mixte. Combinaisons variées.

(1) *Assurances sur la Vie*, Chap. X.

que mon fils ou qu'un orphelin que j'élève touche des arrérages en 1848, par exemple : je verse en 1843 pour atteindre l'époque de la répartition ; je verse également en 1844 si j'ai besoin de recevoir en 1849, en 1845 pour 1850, et les engrenages se suivent toujours de la sorte. Si je veux stipuler pour une répartition unique, tout en versant d'année en année, je réemploierai le capital de chaque rentrée quinquennale dans une nouvelle série, comme vous l'avez vu tout-à-l'heure au sujet de la Dot. Encore, si je veux que mon donataire ne touche que des fractions restreintes du capital pendant un certain nombre d'années, et que le gros de la somme rentre dans ses mains à un âge que mon choix détermine, le contrat fixe en conséquence la part d'annuité que je prélève sur les répartitions et la part que je replace, sauf à ranger cette assurance sous la dénomination de rente viagère.

*Rente viagère*; Nouvelle statistique, indispensable à son organisation mutuelle spéciale.

La *Rente viagère*, pour se constituer en participation mutuelle au profit d'une Catégorie distincte, demanderait une combinaison assise sur de nouveaux calculs de probabilité. Il s'agirait, après avoir reçu les mises des assurés dans cette Caisse jusqu'à une époque de clôture déterminée, d'en distribuer entr'eux le produit au prorata de la longévité présumée de chaque tête, de sorte à leur payer à tous, pendant le reste de leur vie, des pensions annuelles dont le service ne pût ni creuser un déficit dans la Caisse avant la mort du dernier bénéficiaire, ni laisser, le jour de la liquidation, un reliquat en faveur du fisc. Tel, Messieurs, serait le problème, dont nous n'aurions à donner la solution que s'il se présentait, chose peu probable, un nombre assez grand d'aspirans à la rente viagère qui voulussent absolument ne s'assurer qu'entre eux seuls et renoncer de parti pris aux avantages qui sont propres à la Caisse des Répartitions Périodiques. Nous n'avons donc, provisoirement, qu'à nous occuper des moyens de fondre cette Catégorie dans la Spécialité de l'Imprévu.

Position du problème, inopportun, et qui restera tel, sans doute.

Fusion de cette Catégorie, dans celle de l'Imprévu.

Avant d'aller plus loin, remarquons, Messieurs, que la constitution des rentes viagères n'a pas pris en France, jusqu'à ce jour, les développemens dont elle est susceptible. Trop de dégoûts et trop de craintes empêchaient les organisateurs de ces rentes de se produire, lorsqu'ils étaient réduits à traiter à forfait avec des individus ou des Compagnies. En abandonnant son capital à l'assureur, le rentier stipulait pour un revenu dont la proportion était tant bien que mal déterminée d'après le tems qu'il semblait avoir à vivre, et l'assureur ne lui présentait aucune garantie, ni pour l'équité de la prime, ni pour l'exactitude des paiemens, ni pour la conduite que l'on tiendrait envers lui, si par hasard sa vie se prolongeait au-delà des premières apparences. Ces rapports faux et pénibles, qui, jusqu'à présent, ont empêché le commerce des rentes viagères de prendre son essor au niveau des besoins que le public éprouve, vont changer sous le régime de la participation mutuelle, où

Commerce des rentes viagères,

Restreint par la prime fixe.

les rentiers ne traitent plus qu'avec une Société nombreuse, opérant sur des masses, d'après des calculs positifs et sous des garanties réciproques, sans chercher même à distinguer les individus.

Dans la grande Caisse : — Emploi et réemploi quinquennaux des fractions du capital progressif.

Voici d'abord le procédé le plus simple d'après lequel on peut se constituer une rente viagère par notre combinaison : — Le souscripteur engage son apport dans cinq séries, soit quinquennales, soit annuelles, et, tous les cinq ans ou tous les ans, il réemploie chaque rentrée de sa mise primitive dans une nouvelle série qui comprend toujours un même espace de tems; il se sert, afin d'accroître ses dépôts, des intérêts que ces mêmes dépôts ont déjà produits et de la part qui leur a été dévolue dans les reversions. Pour obtenir ce résultat dans les séries quinquennales, il ne faut que cinq capitaux que l'on échelonne pendant cinq années successives, de même qu'il ne faut qu'un seul capital, une fois payé, dans les séries qui sont limitées au parcours d'un an; et, sous le mode quinquennal comme sous le mode annuel, le souscripteur qui réemploie constamment sa mise primitive se trouve tous les ans et pendant tout le cours de sa vie en face de nouvelles répartitions.

Exemple.

J'ai vingt mille francs à placer à fonds perdu. Je les divise en cinq parts dont j'engage la première, aujourd'hui, dans une série de cinq ans à son ouverture; l'année prochaine, le second versement entrera dans une nouvelle série quinquennale; je continue de même avec les trois autres portions de ma mise, et, cinq ans après le premier dépôt, je me trouve en face de cinq répartitions annuelles et successives, dont l'une échoit à cette époque même, dont les autres sont exigibles un, deux, trois et quatre ans plus tard. — Quelle est l'opération que je vais faire? — Elle consiste à garder la plus-value que me rapporte le cumul des intérêts et des reversions, pour réemployer mon apport primitif pur et simple dans une Association de cinq ans. La seconde année, je touche une autre plus-value, et, lorsque j'arrive aux diverses échéances de chaque série de dépôts, je trouve perpétuellement devant moi, jusqu'à la fin de ma vie, cinq remboursemens successifs auxquels ces cinq versemens toujours renouvelés correspondent.

Désir d'insouciance contenté.

La pensée dominante de l'homme qui veut se créer une rente viagère, c'est d'augmenter l'aisance de ses vieux jours, sans se charger du moindre des soucis et des ennuis qu'entraîne l'administration d'un capital. Vous devez donc lui faire comprendre, avant toute chose, que ce désir d'insouciance sera pleinement satisfait par notre combinaison quinquennale.

Renouvellemens faciles et facultatifs.

Sans renoncer à d'autres opérations mutuelles entre rentiers viagers, que la Spécialité de l'Imprévu n'interdit point, il nous autorise à réemployer, tous les cinq ans, lorsqu'il le veut, ses fonds d'échéance en échéance; liberté d'emploi qui ne serait pas possible ailleurs, car son acte de confiance serait bien autrement étendu, s'il déposait ses mises dans une Caisse qui les retînt pendant ce nombre total d'années, et, surtout, s'il cédait irrévocablement ses capitaux à des assureurs à forfait, qui ne présentent d'autre gage que leur solvabilité particulière. Après tout, l'État devient sa caisse, et le chapitre de nos garanties publiques est là pour calmer jusqu'à ses dernières appréhensions.

Troisième Mode.

— Notre troisième Mode répartit, entre les survivans, —soit— chaque année, —les revenus simples, — soit — à une époque unique, —les revenus composés, —produits par la masse sociale, avec retour de l'apport individuel aux ayant-droit, — soit à l'époque déterminée par le contrat, — soit au décès du dernier souscripteur.

*Rentes Progressives;* mêmes combinaisons, mais pour les intérêts seuls.

L'exemple que je viens de donner sur les Rentes viagères, s'applique parfaitement aux *Rentes progressives*, à cela près néanmoins que la plus-value, dont le sociétaire dispose tous les ans, et qui constitue sa rente, n'est formée que de sa part proportionnelle dans les reversions d'intérêt, et qu'il n'entre dans leurs élémens aucune reversion de principal. Toutefois, les souscripteurs doivent bien comprendre que, dans le cercle général de la Spécialité de l'Imprévu, les déposans qui spéculent sur la base des reversions d'intérêts et d'héritages peuvent s'associer sans obstacle avec les déposans qui spéculent sur la base des reversions d'intérêts purs et simples, parce que, dans la mutualité commune à ces deux Catégories, l'une entre pour un double ordre de chances, tandis que l'autre profite des avantages du contrat en proportion de ses chances spéciales, qui ne sont que d'un seul ordre. Le client qui soumet un certain capital à la reversibilité et le client qui n'y soumet que l'intérêt de ce même chiffre, ne sont aucunement incompatibles; tous les deux, quoiqu'à des degrés inégaux, trouvent plus de profit et plus de sécurité dans l'Association générale, que n'aurait pu leur en donner une petite Société particulière.

*Fonds de Mineurs;*

Dans la Spécialité des *Fonds de Mineurs*, comme dans la précédente, le retour du capital aux ayant-droit est chose indispensable pour satisfaire le vœu du souscripteur. Quoique neuve, et parce que neuve, peut être, l'assurance pour les Fonds de Mineurs répond à des besoins très généraux. En souscrivant au profit de ses enfans, un père rendrait sûre et facile, pour le tuteur qui s'en chargerait après sa mort, la gestion de leurs biens, dont les difficultés, dans toute autre circonstance, font souvent craindre et esquiver les charges de la tutelle par des parens et des amis, plus propres cependant que personne à les remplir.

leurs voies de légalisation et de facilitation.

*Dégrèvemens d'hypothèques.*

Mêmes procédés pour le chef de famille qui prépare, par notre entremise, le *Dégrèvement d'un domaine hypothéqué.* Il retire, laisse ou augmente son dépôt, comme il veut. Le cumul des intérêts et des reversions facilite l'amortissement partiel ou l'extinction totale de la dette, et l'Institution qui met le débiteur hypothécaire à même

Amortissement à bon compte.

d'associer ses épargnes avec beaucoup d'autres épargnes, sur une échelle solide et lucrative, lui sert de sauve-garde contre la tentation funeste d'emprunter à titre onéreux, qui trop souvent l'obsède, quand il est réduit, pour toute ressource, à sa propre industrie.

Conclusion générale, en faveur de la Spécialité libre.

Une conclusion générale résulte naturellement des considérations auxquelles j'ai dû me livrer, pour expliquer les moyens de fondre les neuf Spécialités restreintes dans le sein de la Spécialité libre. Plus on approfondira la Combinaison des Répartitions Périodiques à courtes échéances, plus on verra qu'elle se plie, sans effort, à toutes les nécessités des rangs et des âges divers dont elle prend le type, pour ainsi dire, afin d'en suivre les modulations infinies. S'il est vrai que l'assurance mutuelle est le régulateur des éventualités spéciales, alors même qu'elles sont renfermées dans une étroite catégorie d'Applications, qui ne voit que, dans la grande Caisse de l'Imprévu, ce même principe s'élargit jusqu'à devenir la providence de tous les caprices du hasard? Pour peu qu'on l'interroge sans préoccupation fâcheuse, il répond toujours, par une solution satisfaisante, aux mille et mille petites énigmes que soulève le cours de la vie commune.

J'ai déterminé, dans le plus grand détail possible, le caractère de vos relations personnelles et quotidiennes qui sont plus importantes que toutes les autres; j'ai donné des conseils sur le ton à prendre, en toute occasion, dans vos pourparlers avec les individus; vous êtes donc mis en mesure de leur poser le précepte.

Le précepte étant donné,

Ce n'est pas tout : au précepte, il est désirable que le Fonctionnaire joigne l'exemple, en contractant une assurance suivant sa situation ou celle de sa famille, moins pour apporter une affaire de plus à l'Institution, que pour répandre la confiance et provoquer l'imitation dans sa sphère; autant pour se donner un gage à soi-même, que pour en donner un à **L'Equitable**. **L'Equitable** a besoin d'avoir des Agens convaincus, comme ses Agens ont besoin de posséder une conviction. Toute sa hiérarchie administrative doit marcher au jour d'une seule et même pensée; car, Messieurs, nous n'avons pas employé cinq ans d'étude pour établir une petite affaire; nous voulons laisser après nous une fondation assez solidement implantée dans le sol pour ne pas périr, mais pour se transformer quand il sera tems. L'assurance est une institution transitoire, nous le savons, et nous l'avons dit les premiers, parce que nous voulons qu'on le sache. En attendant une bonne impulsion sociale, nous ouvrons un asyle où les forces vives de l'industrie puissent venir se capitaliser sous la protection de l'État, en neutralisant, l'un par l'autre, les risques et les charges des particuliers. L'assurance est la bonne œuvre du jour, le mot de la circonstance, et nous la prêchons à ce titre, mais à ce titre seul. Nous sommes les partisans d'un progrès qui restitue l'industrie à l'élan

le couronner par l'exemple.

Initiative personnelle.

Gage de confiance.

Concorde administrative.

d'une liberté salutaire, et cela sous l'empire d'une conception d'ordre assez sage, pour ne pas exposer sa vie, à tout propos, dans les premiers pas de sa convalescence. L'assurance, notre spécialité, doit être le côté défensif de ce mouvement, et c'est pourquoi nous demandons que l'on s'entoure d'abord de bons retranchemens contre les fléaux incidentels ou fixes, avant de se mettre en campagne. Notre Institution actuelle est donc tout aussi bien l'auxiliaire de la prudence que l'auxiliaire de l'activité. Elle est si loin de vouloir compromettre ses cliens dans une voie hasardeuse, qu'elle s'organise pour leur réserver le tems de la réflexion dont ils n'auraient trouvé ni le loisir ni le courage, au milieu des préoccupations de la sollicitude individuelle, toujours en émoi devant la peur de l'imprévu. C'est donc parmi nos cliens, en général, mais c'est parmi nos Fonctionnaires, en particulier, que nous cherchons à développer l'esprit des études sociales, pour préparer la voie aux plans que nous présenterons plus tard à l'option de leur libre arbitre, sous l'égide permanente des garanties que le gouvernement nous a prescrites, et qu'il nous a prescrites d'après notre invitation formelle et spontanée. Il nous importait que le cadre de nos garanties fût aussi complet que possible, afin que tout souscripteur pût être convaincu que son argent ne va pas à la Société d'assurance, mais que chaque dépôt, de grande ou petite valeur, reste à la disposition de

L'assurance, mouvement défensif.

Ses garanties; camp retranché,

où la prudence

se ravise.

son propriétaire, c'est-à-dire, dans le Trésor du Gouvernement qui représente les intérêts collectifs en France.

### III. Rang civil.

Caractère civil du Fonctionnaire

— Deux élémens du caractère civil de notre Fonctionnaire contribueront au succès des opérations.

Sa position sociale.

L'un est la position sociale qu'il occupe en dehors de nos relations avec **L'Equitable**. — Soit pour se présenter lui-même, soit pour présenter d'autres Fonctionnaires à l'Institution, il tiendra compte de la position qui, lorsqu'elle se combine avec le mandat de la Direction centrale, favorise le mieux la pratique des assurances. Généralement, les hommes retirés de bonne heure des Administrations publiques ou privées, du commerce ou de l'industrie, qui possèdent des relations nombreuses, par eux-mêmes ou par leur famille, et qui désirent s'employer encore dans une entreprise honorable et lucrative, sont les meilleurs Fonctionnaires pour nous.

Sa solidarité hiérarchique.

En second lieu, le caractère légal qu'ils empruntent au mandat de **L'Equitable** est un titre à la confiance des populations, puisque l'Établissement central, lui-même, est responsable des obligations que, de son aveu, chaque Fonctionnaire local a prises avec sa clientelle.

## § III.

### INITIATIVE DES INDIVIDUS.

Jusqu'ici, Messieurs, nous avons considéré l'assurance comme un principe nouveau, jusqu'à certain point, et dont il faut plaider la cause devant les esprits qui ne l'ont pas encore apprécié. Toutefois, elle est souvent un besoin profondément senti par l'instinct public, puisque chacun peut voir qu'elle correspond aux nécessités les plus impérieuses de la vie quotidienne. Son utilité, très souvent, est pressentie par le bon sens individuel, et ceux d'entre vous, Messieurs, qui ont déjà pratiqué l'assurance, savent que, sur la simple énonciation de la qualité que vous avez reçue, des particuliers viennent au Fonctionnaire, pour le consulter sur les moyens de couvrir les risques du sort en faveur d'eux-mêmes ou de leurs proches.

Individus qui font la première avance.

Marche, alors, plus rapide à suivre.

La marche qu'il convient de suivre avec ces initiatives, n'est pas absolument la même que celle qu'on adopte lorsqu'on fait la première avance au public. On va plus droit au fait, en franchissant tous les préliminaires; on tourne immédiatement la conversation sur le mécanisme des Assurances, sur ses sécurités et ses avantages, et l'on déroule, sans insister à cet égard outre mesure, le cercle des garanties qui sont imposées à l'Institution. Vous pouvez vous dispenser alors de la tâche toujours pénible de faire la critique des concurrences, et marcher de suite à la conclusion, quoiqu'avec le calme nécessaire pour éprouver les résolutions de votre client.

Nous allons tâcher de faire comprendre à quel signe on peut reconnaître et par quels accommodemens on peut mettre à l'aise les tendances déjà prononcées des esprits vers le système de prévoyance que nous avons mission d'universaliser sur le territoire.

Étude de ces tendances.

L'initiative des individus en faveur de l'assurance peut prendre sa source dans l'esprit de prévoyance des masses, dans leur sympathie pour l'association des épargnes, ou dans l'empire qu'un patronage local exerce sur leurs prédilections.

Leurs sources.

### I. Prévoyance générale et individuelle.

Si nous envisageons de près le mouvement des idées pratiques dans la France contemporaine, elles se dessinent avec un double caractère. D'une part, le principe énergique d'égalité, gravé dans les intelligences à la faveur de l'éducation moderne, est loin d'exclure le désir légitime que les capacités éprouvent, plus que jamais, de se constituer en classes distinctes, avec les moyens que nos lois ont mis à la disposition de tout le monde. D'autre part, l'audace de l'esprit aventurier sollicite, comme correctif,

Occasions de prévoyance.

les alarmes de la prudence individuelle, qui se manifestent progressivement chez quiconque a la moindre chose à perdre.

Esprit de distinction des classes.

Et désormais, cet essor aristocratique, dont l'étendue même de nos libertés modernes donne l'impulsion aux aptitudes de tous degrés, sera le premier élément dans lequel le principe de l'assurance fera descendre l'ordre. Je ne formule point une opinion sujette à controverse; je rappelle un fait. Quoique l'on fasse, tout ce qui s'élève tend irrésistiblement vers la distinction. Sans doute, nous voudrions tous que le niveau s'élevât et qu'il y eût place dans le progrès pour tout le monde; mais cela ne pourra se faire que lorsque les intérêts matériels auront affermi leur base, pour donner un point d'appui solide à leur élan; considération préalable que je ne puis trop reproduire, car elle renferme toute la justification de notre système de garanties mutuelles. C'est lui seul, en effet, qui, sous le contrôle supérieur de l'autorité, est capable de faire bonne garde autour des opérations collectives que l'industrie sent le besoin d'entreprendre.

Esprit de précaution des individus.

Du jour où la conscience éclairée de notre situation générale a pénétré le fond des masses, la prévoyance des individus et des chefs de familles en fait bientôt l'application aux charges qu'ils ont à supporter, soit pour eux-mêmes, soit pour leurs proches. Une population que l'esprit de l'assurance domine, permet au Fonctionnaire d'abréger de moitié sa tâche, ou de l'accomplir avec un double résultat.

### II. Dispositions pour l'épargne collective.

La population de votre localité, grâce à des traditions ou à des instincts sociables, ou grâce à la popularité du Fonctionnaire qui représente l'assurance mutuelle dans son sein, sera quelquefois entraînée vers nos combinaisons par ses goûts propres.

Population locale.

Ses goûts propres.

Dans plusieurs pays de France, il se conserve de bons débris des vieilles associations, soit dans les métiers, soit dans les nombreuses familles dont les membres forment entr'eux une espèce de communauté libre. Tout n'a pas été morcelé par la loi du partage égal des successions, et, çà et là, des tribus encore un peu patriarchales lui font, jusqu'au tems présent, une opposition indirecte qui n'a rien de séditieux, puisqu'elle prend son droit dans le consentement réciproque et renouvelé de toutes les parties. Il en est de même, à certains égards, des anciennes corporations d'ouvriers, parmi lesquelles les Caisses de secours mutuels sont encore en usage sous divers noms. D'autres lieux, qui ne gardent plus la moindre trace de nos institutions antiques, font preuve, en mainte circonstance, d'une prédilection marquée pour les efforts de la prévoyance collective. Ceux d'entre vous, Messieurs, qui feraient, dans

Associations traditionnelles.

Prédilection pour la prévoyance collective.

leurs circonscriptions, l'expérience de ce que je viens de dire, rendraient un grand service à L'Equitable, s'ils recueillaient avec soin de pareils symptômes, pour en tenir compte et les annoncer à la Direction centrale.

Influence personnelle de notre Mandataire.

Les prévenances qui viendront accueillir l'exercice de votre mandat pourront également être dues à votre notoriété même, et cela surtout par ce que le crédit personnel de l'homme se rehaussera toujours par l'empreinte légale que l'Institution a reçue de l'État, pour la transmettre à ses Fondés de pouvoirs. Elles seront d'autant plus vives, que vous aurez mieux saisi le caractère des habitans, et que vous aurez montré plus de zèle en faveur des intérêts généraux de leur localité. Les habitudes d'ordre et d'économie que la propagation des Assurances crée dans les ménages, sont bientôt appréciées par les autorités civiles, par la magistrature et le clergé. Ces résultats salutaires de votre entremise ne tarderont pas à vous concilier la bienveillance des hommes qui, par état, se trouvent en face de tous les désordres et de toutes les misères, et leur concours officieux multiplierait, à son tour, l'importance de vos opérations.

### III. Patronage local.

De même que vous avez été présentés par un intermédiaire à la Direction centrale de L'Equitable, de même, pour paraître, avec votre nouveau mandat, devant la population où vous désirez recruter votre clientelle, il faut vous placer sous le patronage d'un intermédiaire le plus notable possible, et ce soin doit dominer toutes les mesures que vous prendrez pour vous adresser à vos concitoyens. Le sort du principe que nous représentons peut dépendre, dans une localité, pour quelque tems du moins, de l'opinion que formule, à son égard, tel ou tel personnage influent; et, par un sentiment de respect plein d'une dignité véritable, le public, en pareille matière, accorde autant de crédit aux lumières inhérentes à la fonction, qu'au talent déployé par l'homme qui l'occupe.

Médiation protectrice, la plus notable possible.

Le titre officiel de la notabilité dont vous rechercherez le patronage est donc une recommandation par lui-même : il y a telle place, dans la société, dont le possesseur peut entraîner un grand nombre de convictions en faveur d'une entreprise qu'il aura solennellement approuvée.

titre officiel.

Le crédit privé d'un homme illustre est quelquefois aussi précieux qu'un titre officiel, pourvu que ce crédit ait des racines dans la majorité de la classe assurable; mais on voit souvent le contraire. Une réputation, d'ailleurs honorable et grande, peut être en guerre avec les opinions, ou en concurrence avec les intérêts qui dominent sur les lieux. Bien des fois, l'Agent qui ne se trouve pas toujours au point de vue d'ensemble des affaires nationales, risquerait de se tromper radicalement, s'il allait offrir à ses concitoyens la recommandation d'une célébrité

Son crédit privé.

qui serait impopulaire au milieu d'eux. Autant je désire que mes Fonctionnaires se présentent, le plus possible, sous les auspices d'un puissant patron, autant je dois leur recommander la prudence, non seulement dans les sollicitations qu'ils voudraient adresser à des personnes notables, mais encore dans l'usage qu'ils songeraient à faire de leurs lettres ou de leurs déclarations : ainsi, l'appui d'un député, quelqu'utile qu'il puisse être, sera recherché plus sûrement et plus efficacement par moi-même que par mes Fonctionnaires de province. Je les invite donc à me faire leurs ouvertures en semblable circonstance.

Cas réservés à la Direction centrale.

Lorsqu'ils auront des moyens privés d'accès auprès d'une personne dont ils ambitionnent l'adhésion publique, j'examinerai s'il est opportun de les faire valoir, et, dans l'hypothèse affirmative, j'aurai souvent l'occasion de les combiner avec les démarches d'autres Fonctionnaires, ou avec celles qui s'appuieront sur les relations de notre Direction centrale.

Cas soumis à ses Représentans.

Il s'entend de reste que, si la notabilité dont vous recherchez le témoignage est étrangère à la politique et de nature à ne pouvoir être combattue par aucune opinion, comme ces réputations d'hommes spéciaux dans une branche de l'industrie ou de la science qui sont passées à l'état de proverbe, votre libre arbitre tranchera sur l'emploi que vous aurez à faire de leurs recommandations auprès du public.

# DEUXIÈME PARTIE.

## EMPLOI DES SOUSCRIPTIONS.

La première préoccupation des gens qui se déterminent à consentir une assurance, c'est de choisir un emploi plus ou moins spécial pour le dépôt qu'ils ont souscrit; car ils se trouvent en face d'une série d'Applications et de formes de Contrats, entre lesquelles chaque client doit opter. Lorsque, ensuite, ils ont pris définitivement parti pour quelque mode d'emploi, la rédaction de leur Police est assujettie à des formalités de rigueur, ou plutôt à des conditions inflexibles, qui sont les propriétés constitutives de l'acte, et dont l'omission entacherait ce document de nullité. En d'autres termes, l'intention du souscripteur ne relève que de son libre arbitre : il peut la taire, la changer, ou même n'en avoir aucune qui soit définie, sans que l'Institution ou ses co-associés aient à lui demander compte de l'application qu'il veut ou qu'il ne veut pas faire de son apport primitif, des intérêts et des autres accroissemens. Mais, à quelque titre que le sociétaire se présente dans une Caisse quelconque, petite ou grande, particulière ou générale, la validité de son Contrat est subordonnée à l'observation des formes légales qui sont prescrites par nos statuts et

Choix définitif d'un emploi;

formalités de rigueur.

des formes logiques qu'exige la bonne gestion de nos affaires.

Nous aurons donc à considérer ici deux actes parfaitement distincts, à savoir : le choix définitif des Applications, et la formation des Contrats, en tant que chacun de ces deux élémens, essentiels dans l'emploi des sommes souscrites, concerne l'Institution, les Fonctionnaires et les individus.

Leurs trois aspects.

## § 1er.

### CHOIX DES APPLICATIONS.

Objets du choix d'un souscripteur; deux ordres.

Le choix définitif d'un souscripteur entre les emplois offerts à son assurance, peut porter, autant sur la Spécialité de l'Imprévu, placement qui répond à tous les usages, que sur l'une ou l'autre des Applications restreintes et nominales dont nous avons déjà résumé les plus importantes.

Leurs importances relatives.

Après le parallèle établi dans la 1re Partie, § II, entre la grande Caisse générale et les petites Sociétés distinctes, je n'ai plus besoin, Messieurs, d'insister sur les motifs qui me déterminent à donner le rôle principal à la Spécialité de l'Imprévu, pour n'accorder aux autres Catégories qu'une considération secondaire.

#### I. Spécialité de l'Imprévu.

L'aperçu que j'ai tracé de cette combinaison, afin de montrer comment elle remplace avec avantage toutes les Catégories affectées à des emplois privés, sert plutôt à vaincre les objections qui pourraient s'élever de prime-abord contre notre Caisse de Répartitions Périodiques, qu'à définir en lui-même le caractère de ce système de contrats multipliés et courts qui s'isolent ou s'enchaînent à volonté. L'assurance sur la vie, jusqu'à ce jour, ayant toujours été pratiquée sous le régime faux d'un chaos de petites Sociétés indépendantes les unes des autres, force nous était de présenter la Spécialité de l'Imprévu comme une innovation, et de plaider sa cause contre les autres systèmes de mutualité déjà reçus.

But négatif de l'aperçu précédent de la Spécialité de l'Imprévu.

Au point où nous en sommes, cette œuvre défensive est complète, et nous pouvons désormais présenter la Spécialité de l'Imprévu, c'est-à-dire, l'Association générale, comme étant l'assurance elle-même : l'assurance, affranchie de ses lisières, et se déployant avec toute son énergie, pour subvenir aux besoins les plus variés de la famille et de l'individu ; l'assurance, dans son expression simple et vraie, qu'il a bien fallu retrouver après mille erreurs, à travers la multitude des complications les plus vaines et les plus nuisibles dont l'esprit d'expédient, privé de boussole, ait jamais hérissé les abords d'une Institution.

But affirmatif de son exposition actuelle.

Nous allons étudier la Spécialité de l'Imprévu sous le triple point de vue qui doit dominer toutes les parties de ce travail.

Ordre de cette étude.

La Spécialité de l'Imprévu, ou Caisse de Répar-

Spécialité de l'Imprévu.

son universalité,
sa liberté.

titions Périodiques, ne fait exclusion d'aucune des Applications spéciales et, par cela même, les concilie toutes. Le client s'y trouve libre, et n'a pas besoin de se proposer tel ou tel but exclusif, dans l'emploi de ses fonds. En y souscrivant, il fait face à toutes les éventualités possibles, de quelqu'ordre qu'elles soient, et à quelqu'âge qu'elles correspondent. Mis en vue d'une répartition dont le terme est nettement fixé, il reste donc à même de recevoir tous les conseils de la circonstance, pour l'époque où il sera réintégré dans ses épargnes, naturellement accrues des intérêts et des reversions.

Dépôts quinquennaux.

Engrenage facultatif.

Ses dépôts quinquennaux sont autant de mises au comptant, dont l'une n'engage pas l'autre, et qui néanmoins se combinent entr'elles, lorsqu'il juge à propos de les continuer, ou de les recommencer, après un tems d'arrêt. Rien de plus facile à saisir que le jeu de cet engrenage qui, au bout d'une période de cinq ans, met le client à même de retirer d'une main et de replacer de l'autre, aussi long-tems que la chose peut lui paraître prudente et convenable. Les formalités, pour suivre les combinaisons de cette Caisse, se réduisent à celles de l'entrée et de la sortie, qui sont les plus simples du monde.

Répartitions correspondantes.

La périodicité des répartitions de cette Caisse est marquée de cinq en cinq ans, ce qui n'interdit pas, dans l'intervalle des cinq années, de s'engager pour de nouvelles épargnes et par de nouveaux contrats qui devront courir la même période. Les souscriptions se font d'ailleurs avec la plus grande latitude et tout à fait à la manière de la Caisse d'épargne, jusqu'à l'époque où l'on fixe la cloture, et qui précède de trois mois la répartition. Alors, le total des épargnes encaissées constitue la somme dont on opère la division, entre les survivans, d'après le prorata de chaque mise, au profit de la répartition quinquennale.

Lorsqu'un souscripteur consent à replacer son apport primitif, accru de nouvelles économies, dans une seconde Série de cinq années, il est juste que l'Institution reconnaisse cet acte de bon vouloir, par une concession avantageuse au client qui persévère dans l'assurance. Le droit nouveau, dans ce cas, ne sera perçu que sur l'accroissement de mise, et, dans aucune circonstance, l'apport primitif ne paiera d'autre commission que les premiers 5 0/0.

Droit de gestion.

1°. *Institution.* — Pour **L'Equitable**, la question générale se présente en ces termes : — Que sont en définitive les Caisses d'assurances mutuelles sur la vie? Le bon sens répond : — Des Caisses d'épargne collectives, c'est-à-dire, des Institutions de prévoyance dans lesquelles des intérêts, qui ne demandent satisfaction que pendant la vie des individus, s'associent pour distribuer proportionnellement, entre les bénéficiaires qui survivent à certaines époques, les ressources destinées à remplir les besoins de ceux qui sont morts. Non-seulement il suit de là, si nous renfermons, comme de juste, la nécessité d'une répartition fixe dans la

Question de L'ÉQUITABLE.

L'assurance définie par l'épargne.

condition du cas de vie, que les remboursemens de l'assurance mutuelle et les remboursemens de la Caisse d'épargne présentent une égale et même certitude ; mais en outre, et par cela seul que des intérêts purement viagers ont pu faire abandon de la partie de leurs droits qui se seraient prolongés au delà du tombeau, chacun voit que l'héritage des morts s'accumule en bénéfice sur le capital des survivans.

Dans l'ordre de l'économie sociale, lorsqu'il ne s'agit que de considérations pécuniaires, l'existence est une charge et la mort en est la délivrance. Du jour où des intérêts viagers ont mis en commun leurs chances de durée, il est juste et correspondant aux fins de toute Association, que les intérêts libérés viennent en aide aux intérêts grevés, bref, que la mort indemnise la vie.

La mort indemnisant la vie.

Prise d'ensemble et convenablement entendue, l'assurance sur la vie humaine est donc un pas de plus dans l'association, dont la Caisse d'épargne représente le premier degré ; car, tout en s'adressant, sous les mêmes garanties, à des besoins beaucoup plus importans et plus nombreux, elle cumule toutes les facilités de dépôt et de remboursement offertes par l'épargne ordinaire, avec la perspective d'un bénéfice bien autrement considérable. D'ailleurs, après avoir constaté, sous le point de vue industriel, sa supériorité sur l'Institution élémentaire qu'elle complète, nous reconnaîtrons aussi sa prééminence morale, puisqu'elle

Parallèle entre l'assurance et l'épargne. Supériorité de l'assurance : — industriellement ; moralement ;

rapproche évidemment les citoyens, en mettant leurs intérêts d'accord, et que chacun s'y donne à soi-même, par la plus longue durée de son contrat, un gage de persévérance qui fait défaut pour quiconque peut retirer ses fonds dans les huit jours. Nous jugerons également la suprématie sociale de l'assurance, par l'énorme capital qu'elle doit soumettre au contrôle de l'État, avec le concours de toutes les classes, et qui, restant dans son sein jusqu'au terme convenu de ses échéances fixes, affermira le crédit national et groupera les intérêts privés autour du Trésor, sans surprendre et troubler jamais les amis de l'ordre par la panique des retraits de fonds brusques qui précipitent à tout propos les Administrateurs de la Caisse d'épargne dans les agitations du remboursement. Ses cliens, s'assurant entr'eux, assurent, par cela même, l'équilibre social ; et plus la dette publique s'accroît, plus elle se consolide, en sorte que l'État, devenu le débiteur d'un grand nombre de citoyens, leur restitue la sécurité qu'ils lui prêtent. Lorsque les rentiers ne formaient qu'une classe peu nombreuse, on a pu les sacrifier dans l'intérêt public bien ou mal entendu ; mais, quelqu'extrémité que l'on suppose, un pareil coup d'état deviendra de plus en plus impraticable, à mesure que les porteurs de rentes se multiplieront au sein de la nation, dans la progression même du chiffre de la dette.

socialement.

L'Etat et l'assurance ;

échange de sécurité.

Ma pensée sur l'assurance, Messieurs, vous est

L'assurance,

institution d'attente.

connue. J'y vois une institution d'attente où les capitaux, meurtris par l'agiotage, viendront s'abriter, pour se remettre plus tard en campagne, sous la protection de garanties meilleures; et la France, à cet égard, ne restera pas toujours en arrière de la Grande-Bretagne, où la seule Compagnie *L'Equitable*, dont nous avons pris le nom dans la résolution de suivre ses traces, réunit plus de 220,000 souscripteurs qui, d'après son dernier compte-rendu, représentent un chiffre de 27 millions de livres sterling, ou 675 millions de francs. La participation mutuelle prépare une grande puissance à la corporation des assurés sur la vie, pourvu toutefois qu'ils s'associent sur une grande échelle, dans une combinaison claire, simple, économique et facilement abordable, qui puisse, au besoin, les recevoir tous. Tôt ou tard, ces intérêts de même ordre demanderont à se faire représenter par une Direction générale, afin qu'il n'y ait plus qu'une seule et même Assurance, comme il n'y a qu'une seule et même Caisse d'épargne, et que l'autorité, pour encourager et contenir tout à la fois ces opérations collectives, sache par où les saisir. Ce n'est qu'à ce prix seul que le grand principe de l'assurance pourra figurer dignement dans les affaires du pays : — les pouvoirs politiques s'adressent à des pouvoirs financiers, mais ils ne peuvent pas traiter avec des Caisses particulières, incohérentes et dispersées à l'infini sur le sol.

Précédent de l'Angleterre.

L'unité, condition essentielle de puissance.

Telles sont les considérations d'ordre général

qui plaident auprès de **L'Equitable** en faveur du système simplifié des contrats courts et rapides. Une multitude de considérations plus spéciales viennent renforcer notre préférence pour la Caisse de l'Imprévu ; toutes se résument dans l'excellence de ce flexible instrument, qui approprie une seule et même pensée aux exigences les plus dissemblables.

Considérations plus spéciales pour L'ÉQUITABLE.

Déjà, les applications diverses dont j'ai fait le tableau répondent aux principaux besoins qui se font sentir, en des circonstances particulières, d'âge en âge, depuis le berceau jusqu'à la mort. Une famille dont tous les membres, sans exception, distribueraient leurs économies sur la série générale d'emplois spéciaux que nous avons jugé nécessaire de désigner à la réflexion du public, établirait, vous en conviendrez tout d'abord, un large compte de profits et pertes qui tournerait en définitive à l'avantage des survivans. Étendez ce coup-d'œil à toutes les familles d'une commune, à toutes celles d'un canton, d'un arrondissement, et même de la France, l'aspect général qui résulte de cette donnée ainsi élargie, sera la simplification d'une foule d'affaires, jointe à l'introduction d'un élément de calme et de sécurité dans les positions essentielles de la vie privée. Enfin, supposez que les neuf catégories d'Applications, avec leurs nuances intermédiaires, soient toutes résumées par une seule et même Assurance, vous aurez mis en jeu le véritable agent de la circulation dans l'économie

Échelle d'applications,

depuis l'individu,

jusqu'au pays.

universelle. Si, quant à nous, entre les Spécialités définies et le Contrat dont l'application est anonyme, nous appelons la préférence de nos Fonctionnaires et de nos cliens sur la grande Société de Répartitions Périodiques, en laissant le choix libre d'ailleurs, comme de raison, c'est qu'avec la Caisse de l'Imprévu rien n'échappe, rien ne se disperse et rien ne se confond; elle devient, sous les mains de l'Institution, comme une science fixe et qui, les bons vouloirs aidant, peut appliquer systématiquement le principe de l'assurance, sans jamais courir le risque d'omettre aucune catégorie importante, de séparer les masses que l'esprit de prévoyance tend à réunir ou d'embarrasser le travail de l'Administration par des complications parasites.

La grande Spécialité : — science fixe pour appliquer notre principe.

II. *Fonctionnaires.* — Les Fonctionnaires, en ce qui les concerne eux-mêmes, doivent envisager la Spécialité de l'Imprévu sous le double aspect du grand nombre de cliens qu'elle sollicite, et de la simplification qu'elle apporte dans le travail administratif.

Question des Fonctionnaires, double.

Au premier coup d'œil, Messieurs, les droits de gestion, dans cet ordre d'affaires, pourront vous paraître moins avantageux que dans les contrats à longs termes, parce qu'ils sont moins considérables sur chaque mise; mais, en y regardant de près, vous apercevrez bientôt que la multiplication des assurances, par notre procédé favori, multiplierait

La commission, morcelée et d'autant plus considérable.

rapidement aussi le chiffre total de votre commission. L'obstacle fondamental qui s'oppose à la propagation de notre système de prévoyance, réside dans toutes les menues et perpétuelles complications qu'engendre l'usage des Spécialités exclusives, et dont j'écarte, Messieurs, le détail pénible et superflu. Certes, telle ou telle Caisse distincte, ou même toutes les Caisses distinctes, ne réuniraient jamais, quoi que l'on pût faire, autant de souscripteurs qu'en comptera bientôt une Association qui s'ouvrira pour tous les dépôts. Comme la foule appelle la foule, et que l'exemple possède une force d'entrain, il est toujours d'une bonne politique de s'adresser, avant tout, aux profits minimes; car les profits minimes qui s'encaissent rapidement ont, en leur faveur, la puissance du nombre.

Le grand nombre, créé par la simplification.

Au préalable, ce qu'il y a de plus précieux pour tout Agent industriel, c'est l'économie de son tems. Moins d'explications, plus d'affaires.

Économie de tems.

Nous ne croyons pas apprendre quelque chose à nos Fonctionnaires, en leur montrant que l'impôt, en matière de gouvernement, pèse plus spécialement sur les classes nombreuses, qui cependant ne sont pas les plus riches, si l'on prend au hasard, à travers les masses, tel individu pour l'opposer à tel autre individu. Mais un centime que l'on prélèverait en France, par an, sur chaque journalier, ne l'appauvrirait pas sensiblement, et lui paraîtrait moins dur à payer que ne le semblerait à tous les riches le prélèvement annuel d'un billet de mille

Analogie avec l'impôt.

francs. Addition faite, les pauvres comptent plus largement dans l'impôt que les riches, parce que ces derniers sont le très petit nombre et les autres le très grand nombre. La moyenne des bourses en France, ce sont les petites bourses ; il en est ainsi dans toutes les localités où les inégalités de fortune se groupent sur une série d'échelonnement dont la misère absolue et l'immense richesse donnent les deux extrêmes. Les gens qui vivent tant bien que mal, et ceux qui sont un peu au-dessus de leurs besoins, donnent les degrés intermédiaires et forment une masse sur laquelle il est d'autant plus facile d'agir, que l'on s'adresse avec discrétion aux échelons prochains de la moyenne, dans les rangs supérieurs et dans les rangs inférieurs. On peut même considérer la Caisse de l'Imprévu comme l'école primaire de la petite noblesse bourgeoise et des industriels qui ont une tendance à consolider de plus en plus leur position. Cette dernière considération mérite qu'on y revienne, et je ne me ferai jamais faute de la reprendre en mainte et mainte occasion.

Démocratie des bourses, représentée par cette combinaison.

Comme je l'ai dit, la spéculation est débarrassée tout d'abord d'une série de formalités diverses qu'il faudrait expliquer et diversifier autant de fois que l'on serait obligé d'ouvrir des Catégories bien tranchées.

Moins de formalités.

L'enseignement de l'opération financière est d'autant plus facile, qu'on a plus de fois retranché des branches parasites dans le service général.

L'enseignement facilité.

Par exemple, sur ce qui concerne l'explication de notre mécanisme administratif, en supposant même que nos divers Modes ne nous entraînent pas à joindre de nouvelles Spécialités aux anciennes, et en nous bornant à celles qui sont inscrites dans notre Cercle d'opérations, le travail se trouve réduit de neuf à un, ce qui délivre d'une perpétuelle contention d'esprit le Fonctionnaire qui serait devenu le centre de mille et mille explications, sous des points de vue qu'il faut étudier spécialement et éclaircir à la satisfaction de chaque individu. Au contraire, dans la Spécialité de l'Imprévu, tout se réduit, pour le Fonctionnaire et pour le client, à une tactique si lumineuse, qu'en peu de minutes, l'un et l'autre peuvent tomber d'accord, sur les principes et passer à l'application.

Agens : —

Plusieurs agens sont venus à nous avec la résolution bien arrêtée de plaider par préférence la cause de cette Spécialité, sans exclusion des autres, il est vrai, mais de croiser sur ce point leurs meilleures batteries, en montant chez eux une petite Administration dont leurs femmes ou leurs filles, un fils ou quelque petit parent, seraient les principaux employés, de façon à pouvoir suffire aux détails que ces opérations, minimes en apparence, pourraient entraîner. C'était la simplicité même de l'exécution qui leur en donnait l'idée à laquelle nous avons applaudi, et ils se sont mis en mesure d'établir ce matériel dont la dépense sera pro-

administrations domestiques.

portionnellement faible, vis-à-vis d'un bénéfice qui, selon toute probabilité, doit être ascendant. Après quelques mois d'exercice, nous ferons connaître à tous nos Fonctionnaires les progrès de ceux qui auront suivi cette marche, et nous inviterons les Directeurs départementaux à faire tomber leur choix sur les familles probes et strictes qui, indépendamment de toute garantie nécessaire, montreraient ce zèle pour notre Spécialité favorite et présenteraient des gages ordinaires de capacité et d'assiduité.

Question de la Clientelle. Avantages de deux sortes.

III. *Clientèle.* — L'avantage direct que la clientelle retire du choix de la Spécialité de l'Imprévu, consiste autant dans l'emploi continu de ses capitaux, dont la fructification se renouvelle toujours, que dans l'impossibilité des pertes certaines et éventuelles que les souscripteurs des autres Caisses rencontrent sur leurs pas.

L'Imprévu.

Le caractère essentiellement neutre de cette opération, qui s'applique indifféremment à quoi que ce puisse être, correspond, par cela même, à grand nombre d'événemens sur lesquels la prudence humaine serait restée en défaut. En souscrivant à tout hasard, pour des charges futures que l'on ignore, on est bien sûr de trouver un jour à son capital de réserve un emploi pour lequel on se félicitera de s'être mis en mesure. La plupart des charges de la vie sont plus ou moins inattendues, et il rentre dans les bonnes mœurs de prendre, sur le budget, domestique une marge de précaution, pour faire au besoin, sans gêne et sans inquiétude, la part des malheurs soudains ou des devoirs accidentels.

Capitaux. Plus de chômage, faute d'une Spécialité.

Dès lors, les épargnes disponibles des assurables ne resteraient plus au repos, faute d'une Spécialité sur laquelle ils pussent jeter leur dévolu. Leurs capitaux ne chômeraient plus un seul jour, avec perte d'intérêts et d'extinctions, comme cela se pratique trop souvent, lorsqu'on est pris dans un choix restreint entre quelques Spécialités nominales et tranchées. Cet emploi libre des fonds, indépendamment de sa perpétuité, se fait encore dans des conditions meilleures, dont voici la raison : tous les dépôts, par cela seul qu'ils renoncent à se diviser en plusieurs Caisses spéciales et à grouper leurs masses tout autour de divers centres incohérens d'opérations définies et distinctes entre elles, viennent se réunir et se prêter un mutuel appui dans une seule et même Caisse, qui recrute encore des mises parmi les innombrables nuances que les Spécialités n'avaient pu saisir, et où la loi de mortalité, s'appliquant dans un ordre régulier et libre, peut distribuer les chances de vie sur une plus grande quantité de reversions.

Conditions d'emploi, meilleures.

Association unique et nombreuse.

Juste application de la statistique.

Si les circonstances obligent un client à profiter des remboursemens périodiques, pour les appliquer à telle ou telle obligation de la vie, il aura fait lui-même un vide dans l'engrenage des périodes ;

Lacunes volontaires dans l'accumulation des épargnes.

mais, après tout, comme il a répondu financièrement à l'appel des diverses nécessités qui l'ont préoccupé sur son chemin, on conçoit que ce mécanisme a remplacé pour lui les diverses autres Caisses dans lesquelles il aurait pu déposer son argent, en vue d'intérêts à satisfaire définis et fixes.

Dépôts provisoires.

De plus, cette Caisse, dont le cercle s'élargit sans cesse au profit de toutes les applications possibles, peut devenir une Caisse banale de dépôts et, comme on le dit, une pierre d'attente pour des opérations d'un ordre plus élevé.

Discrétion.

Ici, point de détails à l'égard de la position des gens, de leur nationalité, communications toutes plus ou moins gênantes et dont la délicatesse individuelle peut avoir ses raisons d'être avare; car il y a des choses d'intérieur sur lesquelles on a ses scrupules et ses réserves, ne fût-ce qu'au point de vue de l'inutilité qu'il y a d'en instruire des gens qui n'en ont que faire. La disposition des capitaux est souvent le secret d'état des chefs de familles. L'argent, délivré de ces menus tracas qui contrarient la liberté de sa circulation, arrive, s'encaisse, profite des éventualités qu'il rencontre le long de sa route, et, définitivement, à heure dite, à l'expiration des contrats de la période, la répartition de la masse commune s'exécute entre les survivans, au prorata de l'apport individuel.

[illegible]

A la suite des avantages positifs que les individus recueillent dans la combinaison qui constitue le fond de notre système, viennent se ranger les inconvéniens fixes et les simples risques dont cette même combinaison les dispense. C'est sur cet élément de mon plaidoyer en faveur de la Spécialité de l'Imprévu, qu'il m'avait semblé bon d'anticiper dans la Première Partie de ce travail, § II, où vous vous rappelez, Messieurs, que j'ai fait précéder la comparaison de notre grande Caisse avec chacune des neuf Caisses nominales, par l'explication des trois remèdes radicaux que le système des contrats multipliés et courts, sans distinction d'emploi, apporte aux trois vices capitaux que le public peut reprocher, en principe, à tous les contrats à longs termes, quels qu'en puissent être d'ailleurs le prétexte et la qualification d'ordre. Ces trois objections, communes à toutes les Catégories, se formulent dans les termes suivans :

Inconvéniens et risques écartés.

Le premier aperçu repris.

Trois objections contre les emplois nominaux, levés par la Caisse indéfinie.

1° Le souscripteur d'un contrat à long terme s'expose au risque, très grand sur un espace d'au moins vingt années, d'un décès qui frapperait la tête assurée avant l'ouverture ou la cloture des répartitions, et constituerait ainsi le déposant en perte, jusqu'à concurrence de tout ou partie de ses versemens.

Mort d'assurés.

Nous répondrons que la Spécialité de l'Imprévu réduit ce risque à l'espace de cinq années, et qu'elle peut même se prêter à des combinaisons où l'association des chances de mort n'embrasserait qu'une période de douze mois.

Grande réduction de cette chance.

2° — Supposons, peut-on dire, la mort, la dispa-

Risques de déchéance.

rition imprévue, l'insolvabilité temporaire ou définitive du souscripteur (et tous ces événemens peuvent survenir lorsqu'il aura payé la plupart de ses versemens annuels), vos statuts, plus concilians à la vérité que d'autres, n'en destituent pas moins les ayant-droit des intérêts et des reversions qui s'étaient accumulés sur le capital de première mise.

Leur disparition presque absolue.

— Il n'existe presque plus aucune trace de ce danger dans la Spécialité de l'Imprévu, répondrez-vous, car elle ne connaît, pour ainsi dire, point la déchéance. Chaque mise quinquennale y figure pour son propre compte et n'oblige jamais à d'autres mises. L'argent va et vient, sans compromettre sa liberté par des souscriptions d'annuités multiples, distancées sur un grand parcours, et solidaires les unes envers les autres, à tel point que, l'une faisant défaut, toutes les autres paient pour elle. Si le sociétaire ne peut ou ne veut pas continuer ses versemens, le transport de son contrat quinquennal à quelqu'autre souscripteur sera facile. D'ailleurs, de cinq en en cinq années, la consulte individuelle recommence, chacun suppute ses chances de vie, se retire ou s'avance à sa guise, modère ou augmente ses épargnes, et règle le mouvement de ses fonds d'après les conseils que la circonstance lui suggère.

Intérêt de commission.

3° — Le prélévement immédiat de vingt années de droits de gestion, telle est l'observation connue, coûte au sociétaire un surcroit d'intérêt qui forme à la longue une dépense additionnelle très considérable. Mais la solution est facile par le procédé des contrats à courtes échéances, où la commission n'est plus comptée que sur l'espace réduit de cinq ans.

Sa réduction moyenne de quatre à un.

Une considération grave s'ajoute encore à toutes celles que nous avons mises dans la balance : la faculté de transférer les contrats, à toute époque, pour en tirer le prix vénal qu'ils peuvent avoir dans l'instant donné, s'exerce avec une aisance toute particulière dans le système de circulation rapide que nous offrons aux capitaux de notre clientelle. Le placement d'un contrat sera bien plus coulant s'il n'embrasse qu'un petit nombre d'années, et si, par conséquent, l'acheteur n'accepte les chances de mort que pour un tems dont la durée ne peut lui causer aucun effroi. Tout en réservant mes réflexions ultérieures sur le transfert de nos titres sociaux, je vous ferai seulement observer par avance que la grande facilité de ce genre d'opérations lèvera bien des scrupules, en communiquant aux sommes versées dans l'assurance la mobilité si populaire des dépôts faits à la Caisse d'épargne, mobilité que nos sociétaires semblaient avoir perdue au premier coup d'œil.

Transfert des contrats, plus facile.

Peu de mots résumeront la double étude dans laquelle j'ai considéré la Spécialité de l'Imprévu sous toutes les faces, la prenant d'abord en parallèle avec les petites Caisses déjà connues, et l'examinant ensuite, en elle-même, comme l'expression du principe de l'assurance. Ce système main-

Résumé de ce système invariable et pliant.

tient partout et toujours l'unité de son mécanisme, et néanmoins il se prête, sans effort, aux exigences les plus disparates des événemens qui s'échelonnent à travers le cours de la vie : — telle est sa contr'épreuve et sa justification.

II. Catégories distinctes.

Voici la part des clients que notre exposition sur la grande Caisse de Répartitions Périodiques n'aurait pas encore pu satisfaire, ou qui, par des motifs en dehors de notre compétence, seraient résolus à former entre eux, sur le pied de la conformité d'emploi, des Sociétés exclusives. Le tems amènera la conversion de ces esprits qui se seront abandonnés plus long-temps que d'autres au torrent des habitudes encore régnantes ; nous ne devons pas oublier que notre rôle est une modification officieuse et que nous n'avons qualité que pour exécuter le vœu de nos clients, dans l'ordre des choses possibles et légales. Seulement le client sera bien averti qu'en déposant ses fonds à titre spécial, il entrera dans une Catégorie qui, sous aucun prétexte, ne peut se confondre avec les autres, et qu'alors, le nombre de ses co-associés étant plus restreint, ses chances de bénéfice seront plus restreintes elles-mêmes dans une proportion équivalente.

Satisfaction due partisans des Sociétés exclusives.

Lors donc que des clients persisteront, malgré l'évidence, à vouloir s'associer sur le seul pied d'un emploi spécial, nous leur offrons le système

Spécial tés distinctes. Mesure de leurs avantages,

des Spécialités distinctes qui, tout considéré, présente lui-même des avantages réels et déjà très supérieurs à ceux de la Caisse d'épargne proprement dite. On s'en est fort bien trouvé dans un grand nombre d'Administrations dont les habitudes sont prises; mais le bon sens nous emporte vers le meilleur emploi des fonds de notre clientelle, et nous l'atteignons très certainement par ce nouveau mécanisme. Notre critique ne porte sur les Spécialités distinctes qu'en vue d'une amélioration facile à démontrer. L'assurance sur la vie, avec chances de reversion, mérite incontestablement la préférence sur l'épargne simple; mais ce mode, quoique supérieur, peut, à son tour, se supérioriser, et c'est là tout ce que nous avons voulu dire, en nous adressant, par votre entremise, au libre arbitre du client, afin que sa préférence fût profondément éclairée et que notre devoir fût rempli jusqu'au bout.

que la Caisse de l'Imprévu porte du bien au mieux.

## § II.

### FORMATION DES CONTRATS.

Contrat.

— Le Contrat est l'acte constitutif par lequel un individu, sous notre administration, s'oblige envers **L'Equitable**, qui représente elle-même, vis-à-vis de chaque client, la masse totale de ses co-associés. Dans ce traité, le rôle du Fonctionnaire est prédominant, puisqu'il rapproche l'Institution et l'individu, entre lesquels sa position lui prescrit de tenir une juste balance. Je vais donc,

Intervention prédominante du Fonctionnaire.

sans altérer quant au fond l'ordre trinaire de la division que j'ai prescrite à chacune des parties de ce travail, expliquer en principe la formation des Contrats, sous le point de vue central du Fonctionnaire, sauf, pour peu que l'occasion s'en offre, à distinguer, dans les cas complexes, les parts spéciales du souscripteur et de la Direction.

Analyse de la formation des Actes.

Le contrat de **L'Equitable** sera la matière de ce paragraphe. Je décrirai la formation des actes depuis le premier jusqu'au dernier pas, remontant aux dispositions par lesquelles tous les individus sont introduits dans la Société d'assurance ; suivant, après, la série des articles qui regardent leur classification et leur mise en règle, sans omettre, en dernier lieu, les clauses destinées à fixer les conditions de retraite. Cela fait, je clorai ce formulaire de l'échange des signatures par la reproduction textuelle des deux modèles de nos contrats, que j'accompagnerai de quelques notes explicatives.

### I. Admissibilité.

Véto du Directeur.

— L'admission définitive de tout sociétaire, en d'autres termes, la ratification du Contrat qu'il passe avec le fondé de pouvoirs de **L'Equitable** dans sa localité, est et demeure soumise à la décision irresponsable du Directeur, lequel, d'accord avec le Conseil de Surveillance, peut fermer les Associations à qui que ce soit, sans être tenu de faire connaître les motifs de son refus. (Statuts, titre II, art. 17).

— Dans chacune des Sociétés qui sont ouvertes par **L'Équitable**, la souscription peut être faite, soit au profit du souscripteur lui-même, soit au profit d'un tiers. Elle peut aussi reposer sur la tête du souscripteur ou sur la tête d'un tiers, à la charge, par celui qui contracte sur la tête ou au profit d'un tiers, de justifier du consentement de ce dernier, ou de celui des parens, maris ou tuteurs, pour les personnes inhabiles à contracter (tit. 1er, art. 3).

Bénéficiaire.

Consentement du tiers.

Vous jugerez, Messieurs, d'après la connaissance que vous aurez des occasions et des personnes, dans quels termes il sera nécessaire d'exiger ce consentement.

Exécution de cette clause.

— L'individu sur la tête duquel l'assurance repose se nomme assuré; l'individu appelé à en recueillir le bénéfice est seul sociétaire.

Assuré sociétaire.

Le souscripteur est sociétaire toutes les fois que l'assurance n'est pas stipulée expressément au profit d'un tiers (art. 3).

Cas de fusion.

— Toute souscription doit être accompagnée d'un extrait d'acte de naissance, ou, à défaut, d'un acte authentique constatant l'âge de l'assuré. Cet acte reste déposé à l'Administration de l'Établissement, jusqu'à la liquidation de la Société.

Acte de naissance.

Toute inexactitude dans les pièces produites ou dans les déclarations relatives à l'âge de l'assuré, dont le but et l'effet seraient de changer la condition des sociétaires, emporte la déchéance de tous droits au bénéfice de l'Association (tit. II, art. 16).

Déchéance pour inexactitude volontaire.

II. Classification.

Rappel aux statuts.

— Avant d'aborder les formes qui légalisent pour le client le choix d'une Spécialité parmi nos Associations diverses, rappelons les dispositions statutaires qui s'appliquent à toutes les Sociétés possibles dans L'Equitable, et dont le maintien rentre sous notre régie.

Périodes de souscription.

— Les souscriptions s'ouvrent pour chaque Association le 1er janvier de chaque année; elles restent ouvertes jusqu'au trente-un Décembre de l'année qui précède celle de l'expiration de la Société.

Nombre des Sociétaires.

Sauf les cas prévus par l'art. 18, le nombre des sociétaires est illimité; mais aucune Société ne peut être constituée avec moins de dix membres (art. 10 et 11).

Constitution des Sociétés.

— La constitution de chaque Société est constatée par une délibération du Conseil de Surveillance, dont il est parlé ci-après au tit. III. Les procès-verbaux de ces délibérations sont tous inscrits à leur date, et au fur et à mesure de la constitution de chaque Société, sur un seul et même registre (art. 14).

Inviter les souscripteurs à préciser leurs choix.

Lorsque les souscripteurs se trouvent avertis de ces dispositions générales, vous les inviterez, Messieurs, à désigner avec beaucoup de précision le choix de la Spécialité, ou indéfinie, ou nominale, dans laquelle ils veulent prendre place, comme aussi le choix du mode de versement de leur mise, en un ou plusieurs termes, à telles et telles époques de la vie des assurés, pour telles et telles échéances.

Il est alors opportun de donner aux cliens de nouveaux conseils sur toutes ces questions pratiques. En principe, plus l'assurance remonte vers le commencement de la vie, plus ses résultats seront complets et certains ; solution qui se pose en termes bien simples et bien courts, mais qui n'en est pas moins importante et que votre sollicitude n'en doit pas moins graver profondément dans les esprits de la clientelle.

Nouveaux conseils administratifs.

Quant aux modes de versement, il en est trois qui sont matériellement possibles et pratiqués dans l'assurance : ce sont la mise à terme, la mise au comptant et la mise périodique dont la forme la plus commune est l'annuité.

Trois modes de versement.

Vous savez, Messieurs, que la mise au comptant et la mise périodique seules sont légales. La mise à terme est absolument exclue du cercle des opérations autorisées par Ordonnance du Roi ; je ne la définirai donc, ici, que pour vous mettre à même d'expliquer clairement à votre clientelle en quoi réside le vice de ce procédé dont nous sommes constitués les adversaires officiels.

Proscription de la mise à terme.

Qu'est-ce que le contrat passé sous le nom de mise à terme ? — C'est une convention par laquelle un souscripteur ne promet de verser la somme qui doit constituer son droit à l'assurance, que pour une époque reculée de plusieurs années, sauf

Sa définition. Obligation qu'elle impose.

à solder tout d'abord, en signant sa police, le droit de gestion exigible par la Compagnie.

Droits qu'elle accorde.

Ainsi, grâce à l'engagement pur et simple pris par les souscripteurs d'acquitter, au bout de dix, quinze ou vingt ans, la mise que le Contrat détermine, on les admet en participation au capital des morts et des déchus, qui doit constituer, en fin de compte, les bénéfices de l'Association.

Billet à ordre.

Le billet à ordre, que nous avons, dans les derniers tems, vu mettre en usage, devait acquitter tous les ans les intérêts d'un versement différé dont le principal n'était payable qu'à l'échéance du dernier billet.

Son identité avec le mode précédent.

Au fond, ce mode était le même que celui de la mise à terme. L'annuité changeait seulement de nom, et s'appelait intérêt dans l'une, tandis qu'on la qualifiait de capital dans l'autre; mais dans toutes les deux, le cas avenant du décès fort commun de la tête assurée, le chiffre total de souscription n'en restait pas moins exigible par la Société, quoique nul ayant-cause, désormais, ne pût avoir rien à prétendre sur la répartition.

Inconvéniens de ce double système illégal.

Le chapitre VIII du livre des *Assurances sur la vie* explique les inconvéniens divers de ce double système qui, par le fait, se réduit toujours au renversement de toutes les notions de prévoyance, puisque son succès repose sur les illusions de fortune à venir qu'il crée dans les esprits, et qui préparent inévitablement l'insolvabilité du plus grand nombre des souscripteurs, dont les obligations retombent à la charge de leurs co-associés solvables. C'en est bien assez pour justifier aux yeux du bon sens la proscription de ces deux genres de mises, qui d'ailleurs est voulue par la loi.

Retour aux modes licites.

Retournons aux modes de versement qui sont avoués par nos Statuts.

Quatre sortes de Sociétés autorisées. Notre renoncement à la première.

Le Conseil d'État autorise quatre sortes de Sociétés (titre 1er, article 2). Nous renonçons à la première forme, définie dans l'art. 4, parce qu'elle nous semble incompatible avec les conditions d'une mutualité bien entendue.

Système des trois autres.

Les trois autres formes correspondent exactement aux trois modes d'application du principe de reversibilité, tels que je les ai décrits dans le *Cercle des opérations de l'Équitable*. Je vais donc reproduire les formules pratiques au moyen desquelles nous devons expliquer ce mécanisme et les mettre en regard de la

Définition légale.

rédaction légale du Conseil d'État.

1er MODE.

Premier Mode.

Reversion, entre les survivans, — de la masse sociale et de ses intérêts composés, — à une époque déterminée par le contrat.

— Dans les Sociétés d'accroissement de capital avec aliénation de revenu, le revenu des mises s'accumule avec le capital jusqu'à une époque à laquelle la totalité du produit composé est répartie entre les sociétaires qui justifient de l'existence des assurés sur la tête desquels leur souscription repose (art. 5).

### 2e MODE.

Deuxième Mode.

Reversion, entre les survivans,—chaque année,— des revenus de la masse sociale, — accrus ou non accrus par une annuité prélevée sur le capital de la souscription.

— Dans les Sociétés d'accroissement de revenu avec aliénation du capital, le capital et le revenu cumulés des mises sociales sont répartis par annuités, à des époques déterminées, entre les sociétaires qui justifient de l'existence des individus sur la tête desquels leur souscription repose (art. 7).

### 3e MODE.

Troisième Mode.

Reversion, entre les survivans, — soit (chaque année) des revenus simples, — soit (à une époque unique) des revenus composés, — produits par la masse sociale, — avec retour de l'apport individuel aux ayant-droit, soit à l'époque déterminée par le Contrat, — soit au décès du dernier souscripteur.

— Dans les Sociétés d'accroissement de revenu sans aliénation du capital, le revenu des mises sociales est seul réparti entre les sociétaires qui justifient, aux époques déterminées par la police, de l'existence des assurés sur la tête desquels leur souscription repose. — Le capital versé est remis en totalité, à l'expiration de chaque Société, ou par parties, à des époques déterminées, aux souscripteurs ou à leurs ayant-cause (art. 6).

Les deux statuts qui suivent s'appliquent à tous nos Modes:

— Les mises sociales sont fournies, soit par versemens au comptant, soit par versemens annuels. (Tit. II, art. 19.)

Versemens au comptant.

Le nombre des mises est facultatif, mais on ne peut pas fractionner une mise. (Tit. II, art. 22.)

Mises.

Vous voyez, Messieurs, que la lettre de ces derniers articles exclut de la rédaction des pièces relatives à l'assurance les noms de mises au comptant et de mises par annuités, quoiqu'ils soient fort justes en eux-mêmes et qu'ils expriment parfaitement bien l'opération financière, telle que le souscripteur la conçoit. Je les ai moi-même adoptés dans le Manuel des *Assurances sur la vie*, et je désire seulement vous rapeler qu'en vertu de la prescription du Conseil d'État ils doivent, dans nos actes officiels, être remplacés par les noms de versement unique et de versemens périodiques ne constituant aussi qu'une seule et même mise.

Terminologie officielle.

La mise au comptant, ou versement unique, forme le capital primitif de la souscription.

Mise au comptant.

La mise par annuités, ou série de versemens périodiques, laquelle n'est qu'une autre forme de la mise au comptant, exprime la fragmentation en paiemens échelonnés du capital primitif de la souscription, avec l'addition des intérêts courans, et d'une plus-value dont les tables de mortalité

Mise par annuités.

Plus-value équitable qu'elle renferme.

fixent la moyenne, afin de compenser, entre les souscripteurs au comptant et les souscripteurs qui choisissent le mode des annuités, l'accroissement naturel des chances de reversion, depuis l'origine du contrat qui les équilibre dans la même catégorie.

Le total des annuités offre donc un chiffre plus considérable que celui de la mise unique, en raison des arrérages d'intérêts échus et de parts dans les extinctions passées que chaque annuité comprend ; car, en stricte justice, un capital qui se range après coup dans la masse, doit aux capitaux plus anciens l'équivalent des intérêts qu'il n'a point produits, et la compensation de toutes les chances qu'ils ont courues.

Mode unique et mode périodique, mêmes conditions

Pourvu que les tarifs soient exacts, le mode unique et le mode périodique placent équitablement l'assuré dans les mêmes conditions. La mise au comptant renferme en soi l'escompte des intérêts et des extinctions ; elle s'accorde avec la position d'un souscripteur qui veut faire valoir utilement ses fonds dans l'assurance et les y placer d'un seul coup, afin que lui-même, ou son donataire, n'ait plus à s'en occuper avant l'époque de la répartition.

Applicabilité de la mise au comptant,

de la mise annuelle.

Mais, quoique simple, ce mode est d'un rare emploi ; la mise annuelle conviendra toujours mieux à la généralité des classes qui s'assurent, et qui, vivant plutôt du rapport de leur industrie que des revenus d'un capital disponible, accordent la préférence au fractionnement de la somme en versemens modiques et distancés.

Transformation des assurances illégales.

Après ces explications de principe, la transformation des assurances illégales en obligations autorisées sera facile à comprendre. Les mises reprouvées par la loi sont de deux sortes. Comme je l'ai dit, la première est connue dans la pratique sous la dénomination de mises à termes, dont on ne paie au comptant que les seuls droits de gestion, et l'autre, sous celle de billets à ordre ; variété de la mise à terme, qui rend exigible, outre la commission au comptant, le paiement annuel des intérêts d'un capital dont le versement est différé pour un assez grand nombre d'années.

Mise à terme ; changement absolu.

La mise à terme proprement dite doit subir un changement absolu, pour se conformer aux prescriptions légales et pour acquérir une réelle valeur ; le mode de versement autorisé qui s'en rapproche le plus, c'est l'annuité. Or, comment persuader au souscripteur d'une mise à terme de payer par portions annuelles, à compter de ce jour, un capital qu'il ne s'était promis de fournir que dans vingt années ?—Le seul moyen raisonnable et possible, c'est de lui faire comprendre que son premier contrat était parfaitement dérisoire, et qu'au bout de vingt ans, selon toute apparence, il n'aurait pas lui-même été plus en mesure d'acquitter sa souscription, que la Compagnie ne serait trouvée prête à la recevoir. Contre cette exagération imprudente, il faut donc établir une modeste réalité ; il faut proposer au souscripteur de réduire le chiffre total auquel il avait primitivement fixé sa mise à terme, et puis, de fractionner encore le paiement de cette souscription, ainsi diminuée, sur les échelons annuels de la période dont la fin marquait l'échéance de son versement unique.

Billet à ordre ; conversion moins sensible.

Quant à la mise à terme masquée qui s'appelle billet à ordre et qui a survécu presque seule dans la pratique des assurances illicites, la conversion en est beaucoup moins sensible. Proposez aux souscripteurs qui s'étaient offerts à payer dans l'avenir un capital imaginaire, d'attribuer, par contre, le caractère d'un capital effectif aux mises qu'ils payaient comme intérêt, à compte sur cette première somme dont la future échéance n'était qu'une vaine fiction. De la sorte, ils continueront exactement à faire toujours la même chose, si ce n'est que l'opération aura changé son nom faux contre un nom vrai. La seule modification qui, dans certains cas, pourrait être nécessaire, ce serait d'élever au chiffre modique de dix francs celles d'entre les mises périodiques, qui ne s'élevaient point jusque-là, lorsqu'elles étaient perçues à titre d'intérêt.

Maintien du fond de l'affaire.

Le quantum du dépôt sera donc rarement et tout au plus légèrement modifié, tandis que le résultat de l'assurance restera le même, puisque, aussi bien, il n'y avait de sérieux que ce versement d'intérêts dans l'opération des billets à ordre.

Conditions de la mise en œuvre du contrat.

Tout est dit sur les arrangemens et les dispositions préparatoires dans la formation des actes d'assurance. Dès lors, il ne reste plus qu'à consommer la signature du Contrat, pacte d'alliance entre chaque souscripteur et l'Institution qui représente les souscripteurs en masse. Mais avant de nous livrer à l'étude du Contrat, nous avons à poursuivre l'examen de ses conditions constitutives. Nous venons de voir celles qui regardent l'établissement de la clientelle au milieu de l'Association ; il est tems de passer eu revue les prescriptions que nos Statuts ont attachées à son action parmi ses co-partageans.

Elections de domicile.

—Chaque souscripteur est tenu d'élire à Paris, ou dans les villes où seraient établies des succursales, un domicile auquel seront valablement adressées toutes communications ou signifiés tous actes judiciaires ou extra-judiciaires relatifs à l'exécution du Contrat.

Validité provisoire.

Le domicile élu au moment de la souscription demeure valable pour le souscripteur, le sociétaire et leurs ayant-droit, jusqu'à ce qu'ils en aient fait connaître un autre à l'Administration centrale, à Paris.

Unité.

La Société ne reconnaît qu'un seul domicile pour tous les ayant-droit d'un sociétaire ; ceux-ci sont tenus de s'entendre à cet effet. (Tit. Ier, art. 9.)

Escompte des annuités.

Les souscripteurs par versemens annuels peuvent, à toutes les époques, se libérer par anticipation, en versant au comptant la somme équivalente, d'après les tarifs, aux versemens périodiques qui leur restent à faire. (Tit. II, art. 25.)

ınce retard.

Un retard d'un an, dans le paiement des versemens à faire par annuités, entraîne la déchéance de tous droits au bénéfice de l'Association. (Art. 26.) »

III. Mise en règle.

Perception des versemens en espèces;

— A Paris, les souscripteurs versent leurs mises, en espèces, à la Caisse de la Direction; dans les départemens et à l'étranger, ce versement se fait entre les mains de l'Agent commissionné, mais seulement en un mandat à vue, payable à Paris à l'ordre du Directeur.

en titres de rentes.

Néanmoins, les versemens peuvent se faire en titres de rentes sur l'État, transférés au nom de l'Association pour laquelle la souscription est faite.

Enregistrement.

Tous les versemens reçus par l'Administration sont enregistrés à leur date sur un livre de caisse visé et paraphé par un des membres du Conseil de Surveillance. (Tit. II, art. 23.)

Délivrance du [illegible]at.

Les droits de gestion versés, le souscripteur est mis en possession de son Contrat; mais cet acte ne devient définitif que du jour où il verse, soit sa mise au comptant, soit sa première annuité. La Direction générale expédie alors à l'ayant-droit une police constatant que le Contrat, revêtu de sa signature, est en pleine exécution.

Frais du Directeur.

— Le Directeur est tenu de pourvoir à tous les

frais, quels qu'ils soient, soit d'établissement, soit de gestion, soit de surveillance.

Droits de commission.

Pour faire face à tous ces frais, il perçoit, — en sus des mises sociales, — un droit de commission dont la quotité et le mode sont déterminés avant la formation de chaque Société, d'accord avec les Fondateurs, mais qui ne peut pas excéder cinq pour cent du montant de chaque souscription. Au moyen de cette allocation, les Associations n'auront d'autres frais à supporter que ceux d'acquisition et d'aliénation de leurs rentes.

Frais d'acquisition de rentes.

Les frais d'acquisition seront supportés par les sociétaires qui effectueront leurs versemens en espèces. (Tit. III, art. 46.) »

Partage des droits de gestion.

Renvoi au *Réglement*.

Les droits de gestion, fixés par nos Statuts à 5 0/0, se répartissent proportionnellement entre les Fonctionnaires de L'Equitable, comme il est dit au Ch. VII du Réglement administratif. Ce Réglement détermine également les formalités de la perception des fonds et de toute la comptabilité des Fonctionnaires. Je vous renvoie donc à ses prescriptions, auxquelles j'ajoute que, pour aller au-devant des souscripteurs départementaux qui désirent payer à la Direction centrale, L'Equitable se chargera de faire recevoir par elle-même les dépôts à domicile, pour une rétribution de 1/2 0/0, laquelle, dans ce cas, s'additionne en surplus avec les droits de gestion dont le décompte est transcrit sur le Contrat.

Perception à domicile.

### IV. Retraite.

Dispositions finales.

Nous terminerons par les dispositions qui se rapportent à la durée et à la clôture des Associations.

Durée des Associations.

La durée des Associations qui, selon le vœu du souscripteur, est de 20, 15, 10 ou 5 ans, et qui pourra, plus tard, n'être même que d'un an, et le terme correspondant de clôture, doivent être bien exprimés dans les Contrats. Si, par exemple, l'obligation est de cinq ans, à compter de la présente année, on indiquera qu'elle doit durer de 1842 à 1847.

Règle de répartition, ultérieurement appliquée.

La règle du partage proportionnel entre survivans, au prorata des mises de souscription, demeure la base invariable du calcul répartiteur. Il est donc indifférent, en principe, que cette règle soit employée par avance ou après coup. Mais la facilité des opérations exige que l'application en soit ultérieure et que **L'Equitable** reçoive toutes souscriptions, sans égard à la somme, pourvu qu'elle forme un nombre rond (1).

Toute somme ronde reçue.

Retardataires; supplémens proportionnels.

Le souscripteur en retard, qui reprend ses versemens avant le terme fixé pour la déchéance, est tenu d'ajouter un supplément calculé d'après les chances de mort, augmenté d'un intérêt d'un demi pour cent par mois de retard.

Terme de répit.

La faculté de reprendre les versemens, pour éviter la déchéance, cesse en tous cas au terme

(1) Voir le *Réglement administratif*, Chap. XI.

fixé pour la production des pièces relatives à la répartition. La déchéance est acquise contre tout sociétaire dont la mise ne serait pas entièrement versée à cette époque. (Tit. II, art. 16.)

ASSURANCES MUTUELLES SUR LA VIE.

# L'ÉQUITABLE,

AUTORISÉE PAR ORDONNANCE ROYALE DU 29 JUILLET 1841.

DIRECTION CENTRALE, 18, BOULEVART DES ITALIENS, PARIS.

ENTRE LES SOUSSIGNÉS,

M. [1] Fonctionnaire de L'ÉQUITABLE, demeurant à [2] département d [2] agissant en vertu des pouvoirs qui lui ont été confiés par la Direction centrale de L'ÉQUITABLE, le [3] mil huit cent [3] *D'UNE PART.*

Et M. [4] demeurant à [5] département d [5] *D'AUTRE PART.*

A ÉTÉ CONVENU CE QUI SUIT :

M. [4] souscrit pour une somme de [6] payable { en [7] mise / en [8] cinq mises annuelles.
SUR LA TÊTE de [9] né le [10] à [11] arrondissement de [11] département d [11]
AU PROFIT de [12]
DANS LES ASSOCIATIONS de tout âge, de cinq ans de durée, commençant le premier janvier mil huit cent [13] dont les répartitions s'ouvriront le premier janvier de chaque année correspondante, qui suivra l'expiration d'une période quinquennale, et QUI ONT POUR OBJET de répartir entre les survivans la masse sociale et ses intérêts composés, à l'époque déterminée ci-dessus.

Le paiement de la somme de [14] montant de la première annuité, aura lieu le [15] mil huit cent [15] et celui des autres annuités, à pareil jour de chacune des années suivantes. La Direction de L'ÉQUITABLE s'oblige à réemployer, si le Souscripteur le requiert, et moyennant un demi pour cent, les produits des répartitions dans de nouvelles Associations dont la durée est au choix du Souscripteur. [16]

Dans les trois mois qui suivent l'époque fixée ci-dessus pour l'ouverture de la répartition, le Souscripteur devra faire remettre, contre un récépissé, à la Direction centrale à Paris, SOIT le certificat de vie de l'Assuré, SOIT l'acte de décès de l'Assuré mort depuis l'époque fixée pour l'ouverture de la répartition. — Ces actes doivent être légalisés.

Il a été justifié du consentement exigé par l'article 5 des STATUTS.

Le Souscripteur déclare faire élection de domicile en sa demeure sus-indiquée.

Le présent contrat ne recevra son effet qu'après l'encaissement de la première annuité, et, aussitôt cet encaissement effectué, la Direction centrale de L'ÉQUITABLE adressera au Souscripteur une POLICE DÉFINITIVE, revêtue de la signature du Directeur-Général.

*Fait double, à* [17] *le* [17] *mil huit cent* [17]

**Rayé** [18] **mots nuls.**

Le Souscripteur et le Fonctionnaire doivent écrire sur cette ligne, et de leur propre main, APPROUVÉ, au-dessus de leur signature. [19]

*Signature du Souscripteur.* [20] *Signature du Fonctionnaire de L'ÉQUITABLE.* [20]

(1) Noms du Fonctionnaire.
(2) Son adresse.
(3) Date de son installation.
(4) Noms et qualités du Souscripteur.
(5) Son adresse.
(6) Chiffre total de la mise.
(7) Nombre des versemens.
(8) Les cinq mises annuelles se partagent sur cinq Associations distinctes, de cinq années de parcours chacune, et s'ouvrent, la seconde un an après la première, la troisième un an après la seconde, et ainsi de suite.

Cet engrenage a pour résultat de maintenir toujours un plein intervalle de cinq ans entre le versement de chacune des cinq mises et l'échéance de la répartition correspondante, en sorte que, d'une part, le sociétaire jouit pour toutes les fractions de son dépôt des chances d'extinctions quinquennales, et que, d'autre part, l'emploi de son capital dans ces Associations diverses quintuple, par surcroît, le nombre de ses co-associés et l'étendue de ses perspectives bénéficiaires.

(9) Nom de l'assuré ou de l'assurée.
(10) Date de sa naissance.
(11) Lieu de sa naissance.
(12) Nom du / de la } bénéficiaire.
(13) Dates auxquelles s'ouvrent ces cinq associations, par exemple : 1842, 1843, 1844, 1845, 1846.
(14) Montant de la première annuité.
(15) Echéance du paiement.
(16) Les titulaires des contrats de ce genre auront spécialement la faculté de les revendre à toute époque, par l'intervention de la Maison gérante de L'Équitable, qui s'offre également à faire des prêts sur ces valeurs.
(17) Lieu et date de signature.
(18) Récapitulation des mots nuls.
(19) Place des *approuvé*.
(20) Signatures.

ASSURANCES MUTUELLES SUR LA VIE.

# L'ÉQUITABLE,

AUTORISÉE PAR ORDONNANCE ROYALE DU 29 JUILLET 1841.

DIRECTION CENTRALE, 18, BOULEVART DES ITALIENS, PARIS.

ENTRE LES SOUSSIGNÉS,

M. (1) Fonctionnaire de L'ÉQUITABLE, demeurant à (2) département de (2) agissant en vertu des pouvoirs qui lui ont été délivrés par la Direction centrale de L'ÉQUITABLE, le (3) mil huit cent (3) *D'UNE PART.*

Et M. (4) demeurant à (5) département d (6) *D'AUTRE PART.*

A ÉTÉ CONVENU CE QUI SUIT :

M. (4) souscrit pour une somme de (6) ______ payable en (7) mise unique. (7) mises annuelles.

SUR LA TÊTE de (8) né le (9) à (10) arrondissement de (10) département d (10)

AU PROFIT DE (11)

DANS L'ASSOCIATION, *classe mil huit cent* (12) dont la répartition s'ouvrira le (13) mil huit cent (13)

et QUI A POUR OBJET de [1] (14)

Le paiement de la somme de (15) ______ montant de la mise unique / première annuité aura lieu le (16) mil huit cent (16) et celui des autres annuités, à pareil jour de chacune des années suivantes. Le paiement de la dernière annuité devra, toutefois, être effectué avant le premier novembre qui précède l'ouverture de la répartition.

Dans les trois mois qui suivent l'époque fixée ci-dessus pour l'ouverture de la répartition, le Souscripteur devra faire remettre, contre un récépissé, à la Direction centrale, à Paris, SOIT le certificat de vie de l'Assuré, SOIT l'acte de décès de l'Assuré mort depuis l'époque fixée pour l'ouverture de la répartition. — Ces actes doivent être légalisés.

Il a été justifié du consentement exigé par l'article 3 des STATUTS.

Le Souscripteur déclare faire élection de domicile en sa demeure sus-indiquée.

Le présent contrat ne recevra son effet qu'après l'encaissement de la mise unique / première annuité, et, aussitôt cet encaissement effectué, la Direction centrale de L'ÉQUITABLE adressera au Souscripteur une POLICE DÉFINITIVE, revêtue de la signature du Directeur Général.

*Fait double, à* (17) *le* (17) *mil huit cent* (17)

**Rayé** (18) ______ **mots nuls.**

Le Souscripteur et le Fonctionnaire doivent écrire sur cette ligne, et de leur propre main, APPROUVÉ au-dessus de leur signature. (19) ______

*Signature du Souscripteur.* (20)

*Signature du Fonctionnaire de* L'ÉQUITABLE. (20)

(1) Noms du Fonctionnaire.
(2) Son adresse.
(3) Date de son installation.
(4) Noms et qualités du Souscripteur.
(5) Son adresse.
(6) Chiffre total de la mise.
(7) Nombre total des versemens.
(8) Nom de l'assuré ou de l'assurée.
(9) Date de sa naissance.
(10) Lieu de sa naissance.
(11) Nom du / de la } bénéficiaire.
(12) Numéro chronologique de la classe.
(13) Dates des répartitions.
(14) Voir la page 120.
(15) Montant de la mise unique, ou de la première annuité.
(16) Échéance du paiement.
(17) Lieu et date de signature.
(18) Récapitulation des mots nuls.
(19) Place des *approuvé*.
(20) Signatures.

[1] Le Fonctionnaire remplira par l'une des formules suivantes, selon que le Souscripteur lui désignera la Spécialité qu'il a en vue :

FORMULES POUR

| | |
|---|---|
| **Le Recrutement, la Dot, le Fonds d'Industrie.** (1) | Répartir entre les Survivans la masse sociale et ses intérêts composés, à l'époque déterminée ci-dessus. |
| **L'Éducation, les Donations en faveur d'Orphelins.** (2) | Répartir entre les Survivans la masse sociale et ses revenus composés en (4) annuités successives. |
| **La Rente viagère.** (2) | Répartir entre les Survivans, et pendant toute la durée de la vie de chacun d'eux, les revenus de la masse sociale par paiemens annuels. |
| **La Rente progressive et le Fonds de Mineurs.** (3) | Répartir entre les Survivans, chaque année, les revenus seulement de la masse sociale, avec retour de l'apport primitif aux ayant-droit { au décès du dernier survivant<br>{ le (5) mil huit cent (5) |
| **Le Dégrèvement d'Hypothèques.** (3) | Répartir entre les Survivans les revenus composés de la masse sociale, à l'époque déterminée ci-dessus, avec retour aux ayant-droit de leur mise primitive. |

(1) Spécialités du 1er Mode.
(2) Spécialités du 2e Mode.
(3) Spécialités du 3e Mode.
(4) Nombre des annuités de répartition.
(5) Époque déterminée pour la liquidation.

www.ingramcontent.com/pod-product-compliance
Ingram Content Group UK Ltd.
Pitfield, Milton Keynes, MK11 3LW, UK
UKHW021100260726
13994UKWH00002B/610

9 782329 336633